云 南 省 地 方 标 准

公路工程工程量标准清单

(DB 53/T 2001.2—2014)

图书在版编目(CIP)数据

公路工程工程量标准清单/云南省交通运输厅工程造价管理局,华杰工程咨询有限公司编著.—北京:人民交通出版社股份有限公司,2015.5
ISBN 978-7-114-12230-9

Ⅰ.①公… Ⅱ.①云…②华… Ⅲ.①道路工程-工程造价 Ⅳ.①U415.13

中国版本图书馆 CIP 数据核字(2015)第 099821 号

书　　名:	公路工程工程量标准清单
著　作　者:	云南省交通运输厅工程造价管理局 华杰工程咨询有限公司
责任编辑:	韩亚楠　郭红蕊
出版发行:	人民交通出版社股份有限公司
地　　址:	(100011)北京市朝阳区安定门外外馆斜街 3 号
网　　址:	http://www.ccpress.com.cn
销售电话:	(010)59757973
总 经 销:	人民交通出版社股份有限公司发行部
经　　销:	各地新华书店
印　　刷:	北京鑫正大印刷有限公司
开　　本:	880×1230　1/16
印　　张:	16.75
字　　数:	490 千
版　　次:	2015 年 5 月　第 1 版
印　　次:	2017 年 8 月　第 2 次印刷
书　　号:	ISBN 978-7-114-12230-9
定　　价:	60.00 元

(有印刷、装订质量问题的图书由本公司负责调换)

云南省交通运输厅
云南省质量技术监督局

公 告

2014 年第 7 号

云南省交通运输厅关于发布
《公路工程工程量标准清单及计量规范》
(DB 53/T 2001—2014)的公告

现发布《公路工程工程量标准清单及计量规范》(DB 53/T 2001—2014),自 2014 年 12 月 1 日起施行,原发布的《公路工程工程量清单计量规范》(YNG/T B01—2010)同时废止。

该规范的管理权归云南省交通运输厅,日常解释和管理工作由云南省交通运输厅工程造价管理局负责。

请各单位在实践中注意总结经验,及时将发现的问题和修改意见函告云南省交通运输厅工程造价管理局(地址:昆明市滇缅大道 87 号金通苑 CD 座一层,邮编:650031),以便修订参考。

特此公告。

云南省交通运输厅
云南省质量技术监督局
2014 年 11 月 10 日

前 言

本标准按照《公路工程标准编写导则》(JTG A04—2013)给出的规则起草。

本标准由云南省交通运输厅工程造价管理局提出。

本标准起草单位:云南省交通运输厅工程造价管理局
　　　　　　　　华杰工程咨询有限公司

本标准主要起草人:刘成志　赵　谨　石国虎　瞿国旭　晋　敏　顾　剑　张玉峰　彭耀军
　　　　　　　　　王　林　肖达勇　杨剑兰　刘庭勇　李钟根　徐　敏　李少春　董玉佩
　　　　　　　　　李卓伦　张　望　曾振伟

引 言

为完善云南省公路工程工程量标准清单,规范公路工程工程量清单编制及计量行为,合理确定和有效控制工程投资,制定本标准清单及计量规范。

目 录

1 第100章 总则 ·· 1

2 第200章 路基 ·· 2

3 第300章 路面 ·· 30

4 第400章 桥梁、涵洞 ·· 74

5 第500章 隧道 ·· 112

6 第600章 安全设施及预埋管线工程 ·· 130

7 第700章 绿化及环境保护设施 ··· 145

8 第800章 公路沿线管理用房设施 ··· 186

9 第900章 监控系统 ·· 200

10 第1000章 收费系统 ·· 211

11 第1100章 通信系统 ·· 225

12 第1200章 消防系统 ·· 233

13 第1300章 供配电及照明系统 ·· 247

1 第100章 总则

清单 第100章 总则					
子目号	子目名称	单位	数量	综合单价	合价
101	通则				
101-1	保险费				
101-1-1	按合同条款规定,提供建筑工程一切险	总额			
101-1-2	按合同条款规定,提供第三者责任险	总额			
102	工程管理				
102-1	竣工文件	总额			
102-2	施工环保费	总额			
102-3	安全生产费	总额			
102-4	信息化建设(暂估价)	总额			
102-5	保通费	总额			
103	临时工程与设施				
103-1	临时道路修建、养护与拆除(包括原道路的养护)	总额			
103-2	临时占地	总额			
103-3	临时供电设施架设、维护与拆除	总额			
103-4	电信设施的提供、维修与拆除	总额			
103-5	临时供水与排污设施	总额			
104	承包人驻地建设				
104-1	承包人驻地建设				
104-1-1	驻地(办公、生活场地)建设	总额			
104-1-2	工地试验室建设	总额			
104-1-3	拌和站建设	总额			
104-1-4	钢筋加工场建设	总额			
104-1-5	预制场建设	总额			
104-1-6	施工材料存放场建设	总额			
清单 第100章合计 人民币_____					

2 第200章 路基

清单 第200章 路基

子目号	子目名称	单位	数量	综合单价	合价
201	**通则**				
202	**场地清理**				
202-1	**清理与掘除**				
202-1-1	清理现场	m²			
202-1-2	砍伐树木	棵			
202-1-3	挖除树根	棵			
202-2	**挖除旧路面**				
202-2-1	水泥混凝土路面	m³			
202-2-2	沥青混合料路面	m³			
202-2-3	稳定类基层	m³			
202-2-4	其他粒料路面结构层	m³			
202-3	**拆除结构物**				
202-3-1	钢筋混凝土结构	m³			
202-3-2	混凝土结构	m³			
202-3-3	砖、石及其他砌体结构	m³			
202-3-4	金属结构	kg			
202-4	**植物移栽**				
202-4-1	植物移栽	棵			
203	**挖方路基**				
203-1	**路基挖方**				
203-1-1	挖土方	m³			
203-1-2	挖石方	m³			
203-1-3	挖除非适用材料(不含淤泥)	m³			
203-1-4	挖淤泥	m³			
203-2	**改河、改渠、改路挖方**				
203-2-1	挖土方	m³			
203-2-2	挖石方	m³			
203-2-3	挖除非适用材料(不含淤泥)	m³			

续上表

子目号	子目名称	单位	数量	综合单价	合价
203-2-4	挖淤泥	m³			
203-3	**弃方超运**				
203-3-1	弃方超运	m³·km			
204	**填方路基**				
204-1	**路基填筑(包括填前压实)**				
204-1-1	利用土方	m³			
204-1-2	利用石方	m³			
204-1-3	利用土石混填				
204-1-3-1	利用土石混填	m³			
204-1-3-2	碎石土	m³			
204-1-4	借方填筑	m³			
204-1-5	结构物台背回填	m³			
204-1-6	锥坡及台前溜坡填土	m³			
204-2	**改河、改渠、改路填筑**				
204-2-1	利用土方	m³			
204-2-2	利用石方	m³			
204-2-3	利用土石混填	m³			
204-2-4	借方填筑	m³			
204-3	**借方超运**				
204-3-1	借方超运	m³·km			
205	**特殊地区路基处理**				
205-1	**抛石挤淤**				
205-1-1	抛石挤淤	m³			
205-2	**垫层**				
205-2-1	砂垫层	m³			
205-2-2	砂砾垫层	m³			
205-2-3	碎砾石土垫层	m³			
205-2-4	碎石土垫层	m³			
205-2-5	碎石垫层	m³			
205-2-6	片石垫层	m³			
205-3	**预压与超载预压**				
205-3-1	真空预压	m²			

续上表

子目号	子目名称	单位	数量	综合单价	合价
205-3-2	超载预压	m³			
205-4	**袋装砂井**				
205-4-1	直径70mm	m			
205-4-2	直径100mm	m			
205-5	**塑料排水板**				
205-5-1	普通塑料排水板				
205-5-1-1	宽100mm	m			
205-5-1-2	宽150mm	m			
205-5-2	高强度滤膜塑料排水板				
205-5-2-1	宽100mm	m			
205-5-2-2	宽150mm	m			
205-6	**粒料桩**				
205-6-1	碎石桩				
205-6-1-1	直径300mm	m			
205-6-1-2	直径400mm	m			
205-6-1-3	直径500mm	m			
205-6-1-4	直径600mm	m			
205-6-1-5	直径700mm	m			
205-6-1-6	直径800mm	m			
205-6-1-7	直径900mm	m			
205-6-1-8	直径1000mm	m			
205-6-1-9	直径1100mm	m			
205-6-1-10	直径1200mm	m			
205-6-2	砂桩				
205-6-2-1	直径300mm	m			
205-6-2-2	直径400mm	m			
205-6-2-3	直径500mm	m			
205-6-2-4	直径600mm	m			
205-6-2-5	直径700mm	m			
205-6-2-6	直径800mm	m			
205-7	**加固土桩**				
205-7-1	粉喷桩				

续上表

子目号	子目名称	单位	数量	综合单价	合价
205-7-1-1	直径500mm	m			
205-7-1-2	直径600mm	m			
205-7-1-3	直径700mm	m			
205-7-1-4	直径800mm	m			
205-7-2	浆喷桩				
205-7-2-1	直径500mm	m			
205-7-2-2	直径600mm	m			
205-7-2-3	直径700mm	m			
205-7-2-4	直径800mm	m			
205-8	**CFG桩**				
205-8-1	直径300mm	m			
205-8-2	直径350mm	m			
205-8-3	直径400mm	m			
205-8-4	直径450mm	m			
205-8-5	直径500mm	m			
205-9	**强夯及强夯置换**				
205-9-1	强夯	m²			
205-9-2	强夯置换	m³			
205-10	**改良土**				
205-10-1	石灰改良土				
205-10-1-1	3%石灰	m³			
205-10-1-2	4%石灰	m³			
205-10-1-3	5%石灰	m³			
205-10-1-4	6%石灰	m³			
205-10-1-5	7%石灰	m³			
205-10-1-6	8%石灰	m³			
205-10-1-7	9%石灰	m³			
205-10-1-8	10%石灰	m³			
205-10-2	水泥改良土				
205-10-2-1	3%水泥	m³			
205-10-2-2	3.5%水泥	m³			
205-10-2-3	4%水泥	m³			

续上表

子目号	子目名称	单位	数量	综合单价	合价
205-10-2-4	4.5%水泥	m³			
205-10-2-5	5%水泥	m³			
205-10-2-6	5.5%水泥	m³			
205-10-2-7	6%水泥	m³			
205-10-3	化学外加剂改良土				
205-10-3-1	酸基化合物固化剂改良土	m³			
205-10-3-2	碱金属固化剂改良土	m³			
205-10-3-3	聚合物固化剂改良土	m³			
205-11	**土工织物**				
205-11-1	反滤土工布	m²			
205-11-2	防渗土工膜	m²			
205-11-3	单向拉伸塑料土工格栅				
205-11-3-1	抗拉强度≥35kN/m	m²			
205-11-3-2	抗拉强度≥50kN/m	m²			
205-11-3-3	抗拉强度≥80kN/m	m²			
205-11-3-4	抗拉强度≥120kN/m	m²			
205-11-3-5	抗拉强度≥160kN/m	m²			
205-11-3-6	抗拉强度≥200kN/m	m²			
205-11-4	双向拉伸塑料土工格栅				
205-11-4-1	抗拉强度≥35kN/m	m²			
205-11-4-2	抗拉强度≥50kN/m	m²			
205-11-4-3	抗拉强度≥80kN/m	m²			
205-11-4-4	抗拉强度≥120kN/m	m²			
205-11-4-5	抗拉强度≥160kN/m	m²			
205-11-4-6	抗拉强度≥200kN/m	m²			
205-11-5	塑料土工格室				
205-11-5-1	格室高100mm以内,含100mm	m²			
205-11-5-2	格室高100~200mm,含200mm	m²			
205-11-5-3	格室高200~300mm,含300mm	m²			
205-11-6	增强土工格室				
205-11-6-1	格室高100mm	m²			
205-11-6-2	格室高150mm	m²			

续上表

子目号	子目名称	单位	数量	综合单价	合价
205-11-6-3	格室高200mm	m^2			
205-11-6-4	格室高300mm	m^2			
205-11-7	玻纤格栅				
205-11-7-1	断裂强度≥30kN/m	m^2			
205-11-7-2	断裂强度≥50kN/m	m^2			
205-11-7-3	断裂强度≥60kN/m	m^2			
205-11-7-4	断裂强度≥80kN/m	m^2			
205-11-7-5	断裂强度≥100kN/m	m^2			
205-11-7-6	断裂强度≥120kN/m	m^2			
205-11-7-7	断裂强度≥150kN/m	m^2			
205-12	**滑坡体处理**				
205-12-1	清除滑坡体	m^3			
205-12-2	减载挖土方	m^3			
205-12-3	减载挖石方	m^3			
205-12-4	注浆	m^3			
205-13	**岩溶洞处理**				
205-13-1	碎石土回填	m^3			
205-13-2	碎石回填	m^3			
205-13-3	干砌片石回填	m^3			
205-13-4	注水泥砂浆回填				
205-13-4-1	1:1水泥砂浆	m^3			
205-13-4-2	1:2水泥砂浆	m^3			
205-13-4-3	1:2.5水泥砂浆	m^3			
205-13-4-4	1:3水泥砂浆	m^3			
205-13-5	浆砌片石回填				
205-13-5-1	M5号水泥砂浆砌片石	m^3			
205-13-5-2	M7.5号水泥砂浆砌片石	m^3			
205-13-6	混凝土回填				
205-13-6-1	C15片石混凝土	m^3			
205-13-6-2	C20片石混凝土	m^3			
205-13-7	现浇混凝土盖板				
205-13-7-1	C20混凝土	m^3			

续上表

子目号	子目名称	单位	数量	综合单价	合价
205-13-7-2	C25 混凝土	m³			
205-13-8	预制安装混凝土盖板				
205-13-8-1	C20 混凝土	m³			
205-13-8-2	C25 混凝土	m³			
205-13-9	混凝土支撑墙、支撑柱				
205-13-9-1	C20 混凝土	m³			
205-13-9-2	C25 混凝土	m³			
205-13-10	钢筋				
205-13-10-1	光圆钢筋(HPB300)	kg			
205-13-10-2	带肋钢筋(HRB400)	kg			
205-13-11	注水泥、粉煤灰浆	m³			
205-13-12	混凝土系梁				
205-13-12-1	C20 混凝土	m³			
205-13-12-2	C25 混凝土	m³			
205-13-13	抗变形桩				
205-13-13-1	直径 300mm	m			
205-13-13-2	直径 400mm	m			
205-13-13-3	直径 500mm	m			
205-13-13-4	直径 600mm	m			
205-13-13-5	直径 700mm	m			
205-13-13-6	直径 800mm	m			
205-13-13-7	直径 900mm	m			
205-13-13-8	直径 1000mm	m			
205-13-13-9	直径 1100mm	m			
205-13-13-10	直径 1200mm	m			
205-13-13-11	直径 1300mm	m			
205-13-13-12	直径 1400mm	m			
205-13-13-13	直径 1500mm	m			
206	**路基整修**				
207	**坡面排水**				
207-1	**边沟**				
207-1-1	浆砌片石边沟				

续上表

子目号	子目名称	单位	数量	综合单价	合价
207-1-1-1	M5水泥砂浆砌片石	m³			
207-1-1-2	M7.5水泥砂浆砌片石	m³			
207-1-1-3	M10水泥砂浆砌片石	m³			
207-1-2	现浇混凝土边沟				
207-1-2-1	C15片石混凝土	m³			
207-1-2-2	C20片石混凝土	m³			
207-1-2-3	C15混凝土	m³			
207-1-2-4	C20混凝土	m³			
207-1-2-5	C25混凝土	m³			
207-1-2-6	C30混凝土	m³			
207-1-3	预制安装混凝土边沟				
207-1-3-1	C20混凝土	m³			
207-1-3-2	C25混凝土	m³			
207-1-3-3	C30混凝土	m³			
207-1-4	预制安装边沟混凝土盖板				
207-1-4-1	C20混凝土	m³			
207-1-4-2	C25混凝土	m³			
207-1-4-3	C30混凝土	m³			
207-1-5	钢筋				
207-1-5-1	光圆钢筋(HPB300)	kg			
207-1-5-2	带肋钢筋(HRB400)	kg			
207-2	**排水沟**				
207-2-1	浆砌片石排水沟				
207-2-1-1	M5水泥砂浆砌片石	m³			
207-2-1-2	M7.5水泥砂浆砌片石	m³			
207-2-1-3	M10水泥砂浆砌片石	m³			
207-2-2	现浇混凝土排水沟				
207-2-2-1	C15片石混凝土	m³			
207-2-2-2	C20片石混凝土	m³			
207-2-2-3	C15混凝土	m³			
207-2-2-4	C20混凝土	m³			
207-2-2-5	C25混凝土	m³			

续上表

子目号	子目名称	单位	数量	综合单价	合价
207-2-2-6	C30 混凝土	m³			
207-2-3	预制安装混凝土排水沟				
207-2-3-1	C20 混凝土	m³			
207-2-3-2	C25 混凝土	m³			
207-2-3-3	C30 混凝土	m³			
207-2-4	预制安装排水沟混凝土盖板				
207-2-4-1	C20 混凝土	m³			
207-2-4-2	C25 混凝土	m³			
207-2-4-3	C30 混凝土	m³			
207-2-5	钢筋				
207-2-5-1	光圆钢筋(HPB300)	kg			
207-2-5-2	带肋钢筋(HRB400)	kg			
207-2-6	砂浆砖砌排水沟				
207-2-6-1	M7.5 砂浆砖砌	m³			
207-2-6-2	M10 砂浆砖砌	m³			
207-3	**截水沟**				
207-3-1	浆砌片石截水沟				
207-3-1-1	M5 水泥砂浆砌片石	m³			
207-3-1-2	M7.5 水泥砂浆砌片石	m³			
207-3-1-3	M10 水泥砂浆砌片石	m³			
207-3-2	现浇混凝土截水沟				
207-3-2-1	C15 混凝土	m³			
207-3-2-2	C20 混凝土	m³			
207-3-3	预制安装混凝土截水沟				
207-3-3-1	C20 混凝土	m³			
207-3-3-2	C25 混凝土	m³			
207-4	**跌水与急流槽**				
207-4-1	浆砌片石跌水与急流槽				
207-4-1-1	M5 水泥砂浆砌片石	m³			
207-4-1-2	M7.5 水泥砂浆砌片石	m³			
207-4-1-3	M10 水泥砂浆砌片石	m³			
207-4-2	现浇混凝土跌水与急流槽				

续上表

子目号	子目名称	单位	数量	综合单价	合价
207-4-2-1	C15 混凝土	m³			
207-4-2-2	C20 混凝土	m³			
207-4-2-3	C25 混凝土	m³			
207-4-2-4	C30 混凝土	m³			
207-4-3	钢筋				
207-4-3-1	光圆钢筋（HPB300）	kg			
207-4-3-2	带肋钢筋（HRB400）	kg			
207-4-4	预制安装跌井混凝土盖板				
207-4-4-1	C20 混凝土	m³			
207-4-4-2	C25 混凝土	m³			
207-4-4-3	C30 混凝土	m³			
207-4-5	浆砌预制混凝土块跌水与急流槽				
207-4-5-1	M7.5 浆砌预制混凝土块	m³			
207-5	蒸发池				
207-5-1	就地开挖型蒸发池				
207-5-1-1	挖土方	m³			
207-5-1-2	挖石方	m³			
207-5-2	浆砌片石蒸发池				
207-5-2-1	M7.5 浆砌片石	m³			
207-5-3	现浇混凝土蒸发池				
207-5-3-1	现浇 C20 混凝土	m³			
207-6	渗沟				
207-6-1	渗沟填料				
207-6-1-1	碎石透水层	m³			
207-6-1-2	砂砾透水层	m³			
207-6-1-3	片石透水层	m³			
207-6-1-4	无砂混凝土透水层	m³			
207-6-2	反滤土工布	m²			
207-6-3	钢筋混凝土渗沟排水管				
207-6-3-1	C20 混凝土	m³			
207-6-3-2	C25 混凝土	m³			
207-6-3-3	C30 混凝土	m³			

续上表

子目号	子目名称	单位	数量	综合单价	合价
207-6-4	PVC(PVC-U、HDPE)管渗沟				
207-6-4-1	DN50mm	m			
207-6-4-2	DN60mm	m			
207-6-4-3	DN70mm	m			
207-6-4-4	DN80mm	m			
207-6-4-5	DN90mm	m			
207-6-4-6	DN100mm	m			
207-6-4-7	DN110mm	m			
207-6-4-8	DN120mm	m			
207-6-4-9	DN130mm	m			
207-6-4-10	DN140mm	m			
207-6-4-11	DN150mm	m			
207-6-4-12	DN200mm	m			
207-6-4-13	DN250mm	m			
207-6-4-14	DN300mm	m			
207-6-4-15	DN350mm	m			
207-6-4-16	DN400mm	m			
207-6-4-17	DN450mm	m			
207-6-4-18	DN500mm	m			
207-6-5	混凝土基座				
207-6-5-1	C15 混凝土	m^3			
207-6-5-2	C20 混凝土	m^3			
207-6-5-3	C25 混凝土	m^3			
207-6-6	钢筋				
207-6-6-1	光圆钢筋(HPB300)	kg			
207-6-6-2	带肋钢筋(HRB400)	kg			
207-7	**仰斜式排水孔**				
207-7-1	钻孔				
207-7-1-1	孔径 75mm	m			
207-7-1-2	孔径 90mm	m			
207-7-1-3	孔径 100mm	m			
207-7-1-4	孔径 110mm	m			

续上表

子目号	子目名称	单位	数量	综合单价	合价
207-7-1-5	孔径130mm	m			
207-7-1-6	孔径150mm	m			
207-7-2	PVC排水管				
207-7-2-1	DN49mm	m			
207-7-2-2	DN70mm	m			
207-7-2-3	DN75mm	m			
207-7-2-4	DN90mm	m			
207-7-2-5	DN100mm	m			
207-7-2-6	DN120mm	m			
207-7-2-7	DN140mm	m			
207-7-3	软式透水管				
207-7-3-1	DN50mm	m			
207-7-3-2	DN60mm	m			
207-7-3-3	DN70mm	m			
207-7-3-4	DN80mm	m			
207-7-3-5	DN90mm	m			
207-7-3-6	DN100mm	m			
207-7-3-7	DN110mm	m			
207-7-3-8	DN130mm	m			
207-7-3-9	DN150mm	m			
207-7-3-10	DN200mm	m			
207-8	**沉砂池**				
207-8-1	砂浆砌砖沉砂池				
207-8-1-1	M7.5砂浆砌砖	m³			
207-8-1-2	M10砂浆砌砖	m³			
207-8-2	浆砌片石沉砂池				
207-8-2-1	M7.5浆砌片石	m³			
207-8-2-2	M10浆砌片石	m³			
207-8-3	现浇混凝土沉砂池				
207-8-3-1	C15混凝土	m³			
207-8-3-2	C20混凝土	m³			
207-8-3-3	C25混凝土	m³			

续上表

子目号	子目名称	单位	数量	综合单价	合价
207-9	拦水坝				
207-9-1	浆砌拦水坝				
207-9-1-1	M7.5浆砌片石	m³			
207-9-2	现浇混凝土拦水坝				
207-9-2-1	C15混凝土	m³			
207-9-2-2	C20混凝土	m³			
207-9-2-3	C25混凝土	m³			
208	护坡、护面墙				
208-1	护坡垫层				
208-1-1	碎石垫层	m³			
208-1-2	砂砾垫层	m³			
208-2	干砌片石护坡				
208-2-1	干砌片石护坡	m³			
208-3	浆砌片石护坡				
208-3-1	满铺浆砌片石护坡				
208-3-1-1	M5号水泥砂浆砌片石	m³			
208-3-1-2	M7.5号水泥砂浆砌片石	m³			
208-3-1-3	M10号水泥砂浆砌片石	m³			
208-3-2	浆砌骨架护坡				
208-3-2-1	M5号水泥砂浆砌片石	m³			
208-3-2-2	M7.5号水泥砂浆砌片石	m³			
208-3-2-3	M10号水泥砂浆砌片石	m³			
208-3-2-4	M7.5号水泥砂浆砌砖	m³			
208-4	混凝土护坡				
208-4-1	混凝土预制件满铺护坡				
208-4-1-1	空心砖	m³			
208-4-1-2	实心砖	m³			
208-4-2	混凝土预制件骨架护坡				
208-4-2-1	空心砖	m³			
208-4-2-2	实心砖	m³			
208-4-3	现浇混凝土骨架护坡				
208-4-3-1	C15混凝土	m³			

续上表

子目号	子目名称	单位	数量	综合单价	合价
208-4-3-2	C20 混凝土	m³			
208-4-3-3	C25 混凝土	m³			
208-4-4	钢筋				
208-4-4-1	光圆钢筋（HPB300）	kg			
208-4-4-2	带肋钢筋（HRB400）	kg			
208-4-5	锚杆				
208-4-5-1	钢筋锚杆	kg			
208-5	**骨架护坡挡水块**				
208-5-1	预制安装混凝土挡水块				
208-5-1-1	C20 混凝土	m³			
208-5-1-2	C25 混凝土	m³			
208-5-1-3	C30 混凝土	m³			
208-6	**护面墙**				
208-6-1	垫层				
208-6-1-1	碎石垫层	m³			
208-6-1-2	砂砾垫层	m³			
208-6-1-3	片石垫层	m³			
208-6-2	浆砌片(块)石护面墙				
208-6-2-1	M5 浆砌片(块)石	m³			
208-6-2-2	M7.5 浆砌片(块)石	m³			
208-6-2-3	M10 浆砌片(块)石	m³			
208-6-3	现浇混凝土护面墙				
208-6-3-1	C15 片石混凝土	m³			
208-6-3-2	C20 片石混凝土	m³			
208-6-3-3	C15 混凝土	m³			
208-6-3-4	C20 混凝土	m³			
208-6-4	预制安装混凝土护面墙				
208-6-4-1	C20 混凝土	m³			
208-6-4-2	C25 混凝土	m³			
208-6-5	装配式护面墙基础				
208-6-5-1	C20 混凝土	m³			
208-6-5-2	C25 混凝土	m³			

续上表

子目号	子目名称	单位	数量	综合单价	合价
208-7	封面				
208-7-1	封面				
208-7-1-1	厚30mm	m²			
208-7-1-2	厚40mm	m²			
208-7-1-3	厚50mm	m²			
208-8	捶面				
208-8-1	捶面				
208-8-1-1	厚100mm	m²			
208-8-1-2	厚110mm	m²			
208-8-1-3	厚120mm	m²			
209	挡土墙				
209-1	垫层				
209-1-1	砂砾垫层	m³			
209-1-2	碎石垫层	m³			
209-1-3	片石垫层	m³			
209-1-4	C25片石混凝土垫层	m³			
209-2	基础				
209-2-1	浆砌片(块)石基础				
209-2-1-1	M5浆砌片(块)石	m³			
209-2-1-2	M7.5浆砌片(块)石	m³			
209-2-1-3	M10浆砌片(块)石	m³			
209-2-2	混凝土基础				
209-2-2-1	C15片石混凝土	m³			
209-2-2-2	C20片石混凝土	m³			
209-2-2-3	C25片石混凝土	m³			
209-2-2-4	C15混凝土	m³			
209-2-2-5	C20混凝土	m³			
209-2-2-6	C25混凝土	m³			
209-2-2-7	C30混凝土	m³			
209-3	干砌片石挡土墙				
209-3-1	干砌片石	m³			
209-4	浆砌片(块)石挡土墙				

续上表

子目号	子目名称	单位	数量	综合单价	合价
209-4-1	M5 浆砌片(块)石	m³			
209-4-2	M7.5 浆砌片(块)石	m³			
209-4-3	M10 浆砌片(块)石	m³			
209-5	**混凝土挡土墙**				
209-5-1	C15 片石混凝土	m³			
209-5-2	C20 片石混凝土	m³			
209-5-3	C25 片石混凝土	m³			
209-5-4	C15 混凝土	m³			
209-5-5	C20 混凝土	m³			
209-5-6	C25 混凝土	m³			
209-5-7	C30 混凝土	m³			
209-6	**悬臂(扶臂)挡土墙**				
209-6-1	C15 混凝土	m³			
209-6-2	C20 混凝土	m³			
209-6-3	C25 混凝土	m³			
209-7	**钢筋**				
209-7-1	光圆钢筋(HPB300)	kg			
209-7-2	带肋钢筋(HRB400)	kg			
210	**锚杆、锚定板挡土墙**				
210-1	**基础**				
210-1-1	现浇锚杆挡土墙混凝土基础				
210-1-1-1	C20 混凝土	m³			
210-1-1-2	C25 混凝土	m³			
210-1-2	现浇锚定板挡土墙混凝土基础				
210-1-2-1	C20 混凝土	m³			
210-1-2-2	C25 混凝土	m³			
210-2	**混凝土肋柱**				
210-2-1	预制安装锚杆挡土墙混凝土肋柱				
210-2-1-1	C20 混凝土	m³			
210-2-1-2	C25 混凝土	m³			
210-2-1-3	C30 混凝土	m³			
210-2-2	预制安装锚定板挡土墙混凝土肋柱				

续上表

子目号	子目名称	单位	数量	综合单价	合价
210-2-2-1	C20 混凝土	m³			
210-2-2-2	C25 混凝土	m³			
210-2-2-3	C30 混凝土	m³			
210-2-3	现浇锚杆挡土墙混凝土肋柱				
210-2-3-1	C20 混凝土	m³			
210-2-3-2	C25 混凝土	m³			
210-2-3-3	C30 混凝土	m³			
210-2-4	现浇锚定板挡土墙混凝土肋柱				
210-2-4-1	C20 混凝土	m³			
210-2-4-2	C25 混凝土	m³			
210-2-4-3	C30 混凝土	m³			
210-3	**混凝土墙面板(挡板)及锚定板**				
210-3-1	预制安装锚杆挡土墙混凝土墙面板(挡板)				
210-3-1-1	C20 混凝土	m³			
210-3-1-2	C25 混凝土	m³			
210-3-1-3	C30 混凝土	m³			
210-3-2	预制安装锚定板挡土墙混凝土墙面板(挡板)				
210-3-2-1	C20 混凝土	m³			
210-3-2-2	C25 混凝土	m³			
210-3-2-3	C30 混凝土	m³			
210-3-3	预制安装锚定板挡土墙混凝土锚定板				
210-3-3-1	C20 混凝土	m³			
210-3-3-2	C25 混凝土	m³			
210-3-3-3	C30 混凝土	m³			
210-4	**现浇墙身混凝土、附属部位混凝土**				
210-4-1	现浇混凝土墙身				
210-4-1-1	C20 混凝土	m³			
210-4-1-2	C25 混凝土	m³			
210-4-1-3	C30 混凝土	m³			
210-4-2	现浇附属部位混凝土				
210-4-2-1	C20 混凝土	m³			
210-4-2-2	C25 混凝土	m³			

续上表

子目号	子目名称	单位	数量	综合单价	合价
210-4-2-3	C30 混凝土	m^3			
210-5	**桩基混凝土**				
210-5-1	C20 混凝土	m^3			
210-5-2	C25 混凝土	m^3			
210-5-3	C30 混凝土	m^3			
210-6	**钢筋**				
210-6-1	光圆钢筋（HPB300）	kg			
210-6-2	带肋钢筋（HRB400）	kg			
210-7	**锚杆及拉杆**				
210-7-1	锚杆	kg			
210-7-2	拉杆	kg			
211	**加筋土挡土墙**				
211-1	**基础及垫层**				
211-1-1	垫层				
211-1-1-1	碎石垫层	m^3			
211-1-1-2	砂砾垫层	m^3			
211-1-1-3	片石垫层	m^3			
211-1-2	砌石基础				
211-1-2-1	M7.5 浆砌片（块）石	m^3			
211-1-2-2	M10 浆砌片（块）石	m^3			
211-1-3	混凝土基础				
211-1-3-1	C15 片石混凝土	m^3			
211-1-3-2	C20 片石混凝土	m^3			
211-1-3-3	C15 混凝土	m^3			
211-1-3-4	C20 混凝土	m^3			
211-1-3-5	C25 混凝土	m^3			
211-2	**现浇混凝土帽石**				
211-2-1	帽石混凝土				
211-2-1-1	C20 混凝土	m^3			
211-2-1-2	C25 混凝土	m^3			
211-2-1-3	C30 混凝土	m^3			
211-3	**预制安装混凝土墙面板**				

续上表

子目号	子目名称	单位	数量	综合单价	合价
211-3-1	C20 混凝土	m³			
211-3-2	C25 混凝土	m³			
211-3-3	C30 混凝土	m³			
211-4	**加筋带**				
211-4-1	扁钢带	kg			
211-4-2	钢筋混凝土带	m³			
211-4-3	塑钢复合带	kg			
211-4-4	塑料土工格栅	m²			
211-4-5	聚丙烯土工带	kg			
211-5	**钢筋**				
211-5-1	光圆钢筋(HPB300)	kg			
211-5-2	带肋钢筋(HRB400)	kg			
212	**喷射混凝土和喷浆边坡防护**				
212-1	**喷浆防护**				
212-1-1	M15 水泥砂浆	m³			
212-1-2	M20 水泥砂浆	m³			
212-1-3	M25 水泥砂浆	m³			
212-2	**喷射混凝土防护**				
212-2-1	C20 混凝土	m³			
212-2-2	C25 混凝土	m³			
212-3	**锚杆挂网喷射混凝土(砂浆)防护**				
212-3-1	喷射混凝土防护				
212-3-1-1	C20 混凝土	m³			
212-3-1-2	C25 混凝土	m³			
212-3-2	喷浆防护				
212-3-2-1	M15 水泥砂浆	m³			
212-3-2-2	M20 水泥砂浆	m³			
212-3-2-3	M25 水泥砂浆	m³			
212-3-3	钢筋网	kg			
212-3-4	铁丝网	kg			
212-3-5	土工格栅	m²			
212-3-6	锚杆	kg			

续上表

子目号	子目名称	单位	数量	综合单价	合价
212-4	土钉支护				
212-4-1	钻孔注浆钉				
212-4-1-1	直径 70mm	m			
212-4-1-2	直径 80mm	m			
212-4-1-3	直径 90mm	m			
212-4-1-4	直径 100mm	m			
212-4-1-5	直径 110mm	m			
212-4-1-6	直径 120mm	m			
212-4-1-7	直径 130mm	m			
212-4-1-8	直径 140mm	m			
212-4-1-9	直径 150mm	m			
212-4-2	击入钉	kg			
212-4-3	喷射混凝土				
212-4-3-1	C20 混凝土	m^3			
212-4-3-2	C25 混凝土	m^3			
212-4-4	钢筋				
212-4-4-1	光圆钢筋（HPB300）	kg			
212-4-4-2	带肋钢筋（HRB400）	kg			
212-4-5	钢筋网	kg			
212-4-6	网格梁、立柱、挡土板				
212-4-6-1	C20 混凝土	m^3			
212-4-6-2	C25 混凝土	m^3			
212-4-6-3	C30 混凝土	m^3			
213	预应力锚索边坡加固				
213-1	预应力钢绞线				
213-1-1	ϕ12.7mm 预应力钢绞线				
213-1-1-1	3 孔/束	m			
213-1-1-2	4 孔/束	m			
213-1-1-3	5 孔/束	m			
213-1-1-4	6 孔/束	m			
213-1-1-5	7 孔/束	m			
213-1-1-6	8 孔/束	m			

续上表

子目号	子目名称	单位	数量	综合单价	合价
213-1-1-7	9 孔/束	m			
213-1-2	φ15.2mm 预应力钢绞线				
213-1-2-1	3 孔/束	m			
213-1-2-2	4 孔/束	m			
213-1-2-3	5 孔/束	m			
213-1-2-4	6 孔/束	m			
213-1-2-5	7 孔/束	m			
213-1-2-6	8 孔/束	m			
213-1-2-7	9 孔/束	m			
213-2	**无黏结预应力钢绞线**				
213-2-1	φ12.7mm 无黏结预应力钢绞线				
213-2-1-1	3 孔/束	m			
213-2-1-2	4 孔/束	m			
213-2-1-3	5 孔/束	m			
213-2-1-4	6 孔/束	m			
213-2-1-5	7 孔/束	m			
213-2-1-6	8 孔/束	m			
213-2-1-7	9 孔/束	m			
213-2-2	φ15.2mm 无黏结预应力钢绞线				
213-2-2-1	3 孔/束	m			
213-2-2-2	4 孔/束	m			
213-2-2-3	5 孔/束	m			
213-2-2-4	6 孔/束	m			
213-2-2-5	7 孔/束	m			
213-2-2-6	8 孔/束	m			
213-2-2-7	9 孔/束	m			
213-3	**锚杆**				
213-3-1	钢筋锚杆	kg			
213-3-2	预应力钢筋锚杆	kg			
213-4	**混凝土框格梁**				
213-4-1	C20 混凝土	m³			
213-4-2	C25 混凝土	m³			

续上表

续上表

子目号	子目名称	单位	数量	综合单价	合价
213-4-3	C30 混凝土	m³			
213-4-4	C35 混凝土	m³			
213-4-5	C40 混凝土	m³			
213-5	**混凝土锚固板**				
213-5-1	C20 混凝土	m³			
213-5-2	C25 混凝土	m³			
213-5-3	C30 混凝土	m³			
213-6	**钢筋**				
213-6-1	光圆钢筋（HPB300）	kg			
213-6-2	带肋钢筋（HRB400）	kg			
214	**抗滑桩**				
214-1	**现浇混凝土桩**				
214-1-1	C20 混凝土	m³			
214-1-2	C25 混凝土	m³			
214-1-3	C30 混凝土	m³			
214-2	**钢筋**				
214-2-1	光圆钢筋（HPB300）	kg			
214-2-2	带肋钢筋（HRB400）	kg			
214-3	**声测管**				
214-3-1	声测管	kg			
214-4	**钢管桩**				
214-4-1	钢管壁厚 5mm 以内				
214-4-1-1	直径 108mm	m			
214-4-1-2	直径 127mm	m			
214-4-1-3	直径 146mm	m			
214-4-2	钢管壁厚 7mm 以内				
214-4-2-1	直径 108mm	m			
214-4-2-2	直径 127mm	m			
214-4-2-3	直径 146mm	m			
214-4-3	钢管壁厚 9mm 以内				
214-4-3-1	直径 108mm	m			
214-4-3-2	直径 127mm	m			

续上表

子目号	子目名称	单位	数量	综合单价	合价
214-4-3-3	直径146mm	m			
215	**河道防护**				
215-1	**基础及垫层**				
215-1-1	垫层				
215-1-1-1	碎石垫层	m³			
215-1-1-2	砂砾垫层	m³			
215-1-1-3	片石垫层	m³			
215-1-2	浆砌片石基础				
215-1-2-1	M7.5浆砌片石	m³			
215-1-2-2	M10浆砌片石	m³			
215-1-3	混凝土基础				
215-1-3-1	C15片石混凝土	m³			
215-1-3-2	C20片石混凝土	m³			
215-1-3-3	C15混凝土	m³			
215-1-3-4	C20混凝土	m³			
215-2	**河床铺砌**				
215-2-1	M7.5浆砌片石	m³			
215-2-2	M10浆砌片石	m³			
215-2-3	C10片石混凝土	m³			
215-2-4	C15片石混凝土	m³			
215-2-5	C20片石混凝土	m³			
215-2-6	C10混凝土	m³			
215-2-7	C15混凝土	m³			
215-2-8	C20混凝土	m³			
215-2-9	C25混凝土	m³			
215-2-10	C30混凝土	m³			
215-3	**河道护坡**				
215-3-1	浆砌片石护坡				
215-3-1-1	M7.5浆砌片石	m³			
215-3-1-2	M10浆砌片石	m³			
215-3-2	混凝土护坡				
215-3-2-1	C15片石混凝土	m³			

续上表

子目号	子目名称	单位	数量	综合单价	合价
215-3-2-2	C20 片石混凝土	m³			
215-3-2-3	C15 混凝土	m³			
215-3-2-4	C20 混凝土	m³			
215-4	护岸墙				
215-4-1	浆砌片石护岸墙				
215-4-1-1	M7.5 浆砌片石	m³			
215-4-1-2	M10 浆砌片石	m³			
215-4-2	混凝土护岸墙				
215-4-2-1	C15 片石混凝土	m³			
215-4-2-2	C20 片石混凝土	m³			
215-4-2-3	C15 混凝土	m³			
215-4-2-4	C20 混凝土	m³			
215-5	顺坝				
215-5-1	浆砌片石顺坝				
215-5-1-1	M7.5 浆砌片石	m³			
215-5-1-2	M10 浆砌片石	m³			
215-5-2	混凝土顺坝				
215-5-2-1	C15 片石混凝土	m³			
215-5-2-2	C20 片石混凝土	m³			
215-5-2-3	C15 混凝土	m³			
215-5-2-4	C20 混凝土	m³			
215-6	丁坝				
215-6-1	浆砌片石丁坝				
215-6-1-1	M7.5 浆砌片石	m³			
215-6-1-2	M10 浆砌片石	m³			
215-6-2	混凝土丁坝				
215-6-2-1	C15 片石混凝土	m³			
215-6-2-2	C20 片石混凝土	m³			
215-6-2-3	C15 混凝土	m³			
215-6-2-4	C20 混凝土	m³			
215-7	抛石防护				
215-7-1	陆上抛填	m³			

续上表

子目号	子目名称	单位	数量	综合单价	合价
215-7-2	水上抛填	m³			
216	**坡面柔性防护**				
216-1	**主动防护系统**				
216-1-1	钢丝绳网				
216-1-1-1	钢丝绳直径6mm,边长200mm菱形网孔	m²			
216-1-1-2	钢丝绳直径6mm,边长250mm菱形网孔	m²			
216-1-1-3	钢丝绳直径6mm,边长300mm菱形网孔	m²			
216-1-1-4	钢丝绳直径6mm,边长450mm菱形网孔	m²			
216-1-1-5	钢丝绳直径8mm,边长200mm菱形网孔	m²			
216-1-1-6	钢丝绳直径8mm,边长250mm菱形网孔	m²			
216-1-1-7	钢丝绳直径8mm,边长300mm菱形网孔	m²			
216-1-1-8	钢丝绳直径8mm,边长450mm菱形网孔	m²			
216-1-2	铁丝格栅	m²			
216-1-3	钢丝格栅	m²			
216-1-4	高强度钢丝格栅	m²			
216-2	**被动防护系统**				
216-2-1	钢丝绳网				
216-2-1-1	钢丝绳直径6mm,边长300mm菱形网孔	m²			
216-2-1-2	钢丝绳直径6mm,边长250mm菱形网孔	m²			
216-2-1-3	钢丝绳直径6mm,边长200mm菱形网孔	m²			
216-2-1-4	钢丝绳直径8mm,边长300mm菱形网孔	m²			
216-2-1-5	钢丝绳直径8mm,边长250mm菱形网孔	m²			
216-2-1-6	钢丝绳直径8mm,边长200mm菱形网孔	m²			
216-2-2	环形网(钢丝直径3mm)				
216-2-2-1	网孔内切圆直径250mm,每环内钢丝盘结5圈	m²			
216-2-2-2	网孔内切圆直径250mm,每环内钢丝盘结7圈	m²			
216-2-2-3	网孔内切圆直径250mm,每环内钢丝盘结9圈	m²			
216-2-2-4	网孔内切圆直径250mm,每环内钢丝盘结12圈	m²			
216-2-2-5	网孔内切圆直径250mm,每环内钢丝盘结19圈	m²			
216-2-2-6	网孔内切圆直径300mm,每环内钢丝盘结5圈	m²			
216-2-2-7	网孔内切圆直径300mm,每环内钢丝盘结7圈	m²			
216-2-2-8	网孔内切圆直径300mm,每环内钢丝盘结9圈	m²			

续上表

子目号	子目名称	单位	数量	综合单价	合价
216-2-2-9	网孔内切圆直径300mm,每环内钢丝盘结12圈	m²			
216-2-2-10	网孔内切圆直径300mm,每环内钢丝盘结19圈	m²			
216-2-2-11	网孔内切圆直径350mm,每环内钢丝盘结5圈	m²			
216-2-2-12	网孔内切圆直径350mm,每环内钢丝盘结7圈	m²			
216-2-3	铁丝格栅	m²			
216-2-4	钢丝格栅	m²			
216-2-5	高强度钢丝格栅	m²			
216-2-6	型钢立柱	kg			
216-2-7	混凝土立柱	m³			
217	**取、弃土场防护与排水**				
217-1	**取、弃土场拦砂坝**				
217-1-1	干砌拦砂坝				
217-1-1-1	干砌片石	m³			
217-1-2	浆砌拦砂坝				
217-1-2-1	M5浆砌片石	m³			
217-1-2-2	M7.5浆砌片石	m³			
217-1-2-3	M10浆砌片石	m³			
217-1-3	混凝土拦砂坝				
217-1-3-1	C10片石混凝土	m³			
217-1-3-2	C15片石混凝土	m³			
217-1-3-3	C20片石混凝土	m³			
217-1-3-4	C10混凝土	m³			
217-1-3-5	C15混凝土	m³			
217-1-3-6	C20混凝土	m³			
217-1-3-7	C25混凝土	m³			
217-2	**取、弃土场挡土墙**				
217-2-1	干砌片石挡土墙				
217-2-1-1	干砌片石	m³			
217-2-2	浆砌片(块)石挡土墙				
217-2-2-1	M5浆砌片(块)石	m³			
217-2-2-2	M7.5浆砌片(块)石	m³			
217-2-2-3	M10浆砌片(块)石	m³			

续上表

子目号	子目名称	单位	数量	综合单价	合价
217-2-3	混凝土挡土墙				
217-2-3-1	C15 片石混凝土	m³			
217-2-3-2	C20 片石混凝土	m³			
217-2-3-3	C15 混凝土	m³			
217-2-3-4	C20 混凝土	m³			
217-3	**取、弃土场排水沟**				
217-3-1	浆砌片石排水沟				
217-3-1-1	M5 水泥砂浆砌片石	m³			
217-3-1-2	M7.5 水泥砂浆砌片石	m³			
217-3-1-3	M10 浆砌片(块)石	m³			
217-3-2	现浇混凝土排水沟				
217-3-2-1	C20 混凝土	m³			
217-3-2-2	C25 混凝土	m³			
217-3-3	预制安装排水沟盖板				
217-3-3-1	C20 混凝土	m³			
217-3-3-2	C25 混凝土	m³			
217-3-4	钢筋				
217-3-4-1	光圆钢筋(HPB300)	kg			
217-3-4-2	带肋钢筋(HRB400)	kg			
218	**改沟、改渠、改路防护**				
218-1	**浆砌片石**				
218-1-1	M5 浆砌片石	m³			
218-1-2	M7.5 浆砌片石	m³			
218-1-3	M10 浆砌片石	m³			
218-2	**现浇混凝土**				
218-2-1	C15 片石混凝土	m³			
218-2-2	C20 片石混凝土	m³			
218-2-3	C25 片石混凝土	m³			
218-2-4	C20 混凝土	m³			
218-2-5	C25 混凝土	m³			
218-2-6	C30 混凝土	m³			
218-3	**预制安装混凝土沟盖板**				

续上表

子目号	子目名称	单位	数量	综合单价	合价
218-3-1	盖板混凝土				
218-3-1-1	C20混凝土	m³			
218-3-1-2	C25混凝土	m³			
218-3-1-3	C30混凝土	m³			
218-3-2	钢筋				
218-3-2-1	光圆钢筋（HPB300）	kg			
218-3-2-2	带肋钢筋（HRB400）	kg			
218-4	**排水管**				
218-4-1	金属排水管				
218-4-1-1	铸铁排水管	kg			
218-4-1-2	镀锌钢管排水管	kg			
218-4-2	非金属排水管	m			

清单　第200章合计　人民币_____

3 第300章 路面

清单 第300章 路面					
子目号	子目名称	单位	数量	综合单价	合价
301	通则				
302	垫层				
302-1	砂砾垫层				
302-1-1	厚10cm	m²			
302-1-2	厚11cm	m²			
302-1-3	厚12cm	m²			
302-1-4	厚13cm	m²			
302-1-5	厚14cm	m²			
302-1-6	厚15cm	m²			
302-1-7	厚16cm	m²			
302-1-8	厚17cm	m²			
302-1-9	厚18cm	m²			
302-1-10	厚19cm	m²			
302-1-11	厚20cm	m²			
302-1-12	厚21cm	m²			
302-1-13	厚22cm	m²			
302-1-14	厚23cm	m²			
302-1-15	厚24cm	m²			
302-1-16	厚25cm	m²			
302-1-17	厚26cm	m²			
302-1-18	厚27cm	m²			
302-1-19	厚28cm	m²			
302-1-20	厚29cm	m²			
302-1-21	厚30cm	m²			
302-2	碎石垫层				
302-2-1	厚10cm	m²			
302-2-2	厚11cm	m²			
302-2-3	厚12cm	m²			

续上表

子目号	子目名称	单位	数量	综合单价	合价
302-2-4	厚13cm	m²			
302-2-5	厚14cm	m²			
302-2-6	厚15cm	m²			
302-2-7	厚16cm	m²			
302-2-8	厚17cm	m²			
302-2-9	厚18cm	m²			
302-2-10	厚19cm	m²			
302-2-11	厚20cm	m²			
302-2-12	厚21cm	m²			
302-2-13	厚22cm	m²			
302-2-14	厚23cm	m²			
302-2-15	厚24cm	m²			
302-2-16	厚25cm	m²			
302-2-17	厚26cm	m²			
302-2-18	厚27cm	m²			
302-2-19	厚28cm	m²			
302-2-20	厚29cm	m²			
302-2-21	厚30cm	m²			
302-3	**煤渣垫层**				
302-3-1	厚10cm	m²			
302-3-2	厚11cm	m²			
302-3-3	厚12cm	m²			
302-3-4	厚13cm	m²			
302-3-5	厚14cm	m²			
302-3-6	厚15cm	m²			
302-3-7	厚16cm	m²			
302-3-8	厚17cm	m²			
302-3-9	厚18cm	m²			
302-3-10	厚19cm	m²			
302-3-11	厚20cm	m²			
302-3-12	厚21cm	m²			
302-3-13	厚22cm	m²			

续上表

续上表

子目号	子目名称	单位	数量	综合单价	合价
302-3-14	厚23cm	m²			
302-3-15	厚24cm	m²			
302-3-16	厚25cm	m²			
302-3-17	厚26cm	m²			
302-3-18	厚27cm	m²			
302-3-19	厚28cm	m²			
302-3-20	厚29cm	m²			
302-3-21	厚30cm	m²			
302-4	**矿渣垫层**				
302-4-1	厚10cm	m²			
302-4-2	厚11cm	m²			
302-4-3	厚12cm	m²			
302-4-4	厚13cm	m²			
302-4-5	厚14cm	m²			
302-4-6	厚15cm	m²			
302-4-7	厚16cm	m²			
302-4-8	厚17cm	m²			
302-4-9	厚18cm	m²			
302-4-10	厚19cm	m²			
302-4-11	厚20cm	m²			
302-4-12	厚21cm	m²			
302-4-13	厚22cm	m²			
302-4-14	厚23cm	m²			
302-4-15	厚24cm	m²			
302-4-16	厚25cm	m²			
302-4-17	厚26cm	m²			
302-4-18	厚27cm	m²			
302-4-19	厚28cm	m²			
302-4-20	厚29cm	m²			
302-4-21	厚30cm	m²			
302-5	**水泥稳定类垫层**				
302-5-1	水泥稳定土				

续上表

续上表

子目号	子目名称	单位	数量	综合单价	合价
302-5-1-1	厚10cm	m²			
302-5-1-2	厚11cm	m²			
302-5-1-3	厚12cm	m²			
302-5-1-4	厚13cm	m²			
302-5-1-5	厚14cm	m²			
302-5-1-6	厚15cm	m²			
302-5-1-7	厚16cm	m²			
302-5-1-8	厚17cm	m²			
302-5-1-9	厚18cm	m²			
302-5-1-10	厚19cm	m²			
302-5-1-11	厚20cm	m²			
302-5-1-12	厚21cm	m²			
302-5-1-13	厚22cm	m²			
302-5-1-14	厚23cm	m²			
302-5-1-15	厚24cm	m²			
302-5-1-16	厚25cm	m²			
302-5-1-17	厚26cm	m²			
302-5-1-18	厚27cm	m²			
302-5-1-19	厚28cm	m²			
302-5-1-20	厚29cm	m²			
302-5-1-21	厚30cm	m²			
302-5-2	水泥稳定砂砾				
302-5-2-1	厚10cm	m²			
302-5-2-2	厚11cm	m²			
302-5-2-3	厚12cm	m²			
302-5-2-4	厚13cm	m²			
302-5-2-5	厚14cm	m²			
302-5-2-6	厚15cm	m²			
302-5-2-7	厚16cm	m²			
302-5-2-8	厚17cm	m²			
302-5-2-9	厚18cm	m²			
302-5-2-10	厚19cm	m²			

续上表

子目号	子目名称	单位	数量	综合单价	合价
302-5-2-11	厚20cm	m²			
302-5-2-12	厚21cm	m²			
302-5-2-13	厚22cm	m²			
302-5-2-14	厚23cm	m²			
302-5-2-15	厚24cm	m²			
302-5-2-16	厚25cm	m²			
302-5-2-17	厚26cm	m²			
302-5-2-18	厚27cm	m²			
302-5-2-19	厚28cm	m²			
302-5-2-20	厚29cm	m²			
302-5-2-21	厚30cm	m²			
302-5-3	水泥稳定石屑				
302-5-3-1	厚10cm	m²			
302-5-3-2	厚11cm	m²			
302-5-3-3	厚12cm	m²			
302-5-3-4	厚13cm	m²			
302-5-3-5	厚14cm	m²			
302-5-3-6	厚15cm	m²			
302-5-3-7	厚16cm	m²			
302-5-3-8	厚17cm	m²			
302-5-3-9	厚18cm	m²			
302-5-3-10	厚19cm	m²			
302-5-3-11	厚20cm	m²			
302-5-3-12	厚21cm	m²			
302-5-3-13	厚22cm	m²			
302-5-3-14	厚23cm	m²			
302-5-3-15	厚24cm	m²			
302-5-3-16	厚25cm	m²			
302-5-3-17	厚26cm	m²			
302-5-3-18	厚27cm	m²			
302-5-3-19	厚28cm	m²			
302-5-3-20	厚29cm	m²			

续上表

子目号	子目名称	单位	数量	综合单价	合价
302-5-3-21	厚30cm	m²			
302-5-4	水泥稳定碎石				
302-5-4-1	厚10cm	m²			
302-5-4-2	厚11cm	m²			
302-5-4-3	厚12cm	m²			
302-5-4-4	厚13cm	m²			
302-5-4-5	厚14cm	m²			
302-5-4-6	厚15cm	m²			
302-5-4-7	厚16cm	m²			
302-5-4-8	厚17cm	m²			
302-5-4-9	厚18cm	m²			
302-5-4-10	厚19cm	m²			
302-5-4-11	厚20cm	m²			
302-5-4-12	厚21cm	m²			
302-5-4-13	厚22cm	m²			
302-5-4-14	厚23cm	m²			
302-5-4-15	厚24cm	m²			
302-5-4-16	厚25cm	m²			
302-5-4-17	厚26cm	m²			
302-5-4-18	厚27cm	m²			
302-5-4-19	厚28cm	m²			
302-5-4-20	厚29cm	m²			
302-5-4-21	厚30cm	m²			
302-6	石灰稳定类垫层				
302-6-1	厚10cm	m²			
302-6-2	厚11cm	m²			
302-6-3	厚12cm	m²			
302-6-4	厚13cm	m²			
302-6-5	厚14cm	m²			
302-6-6	厚15cm	m²			
302-6-7	厚16cm	m²			
302-6-8	厚17cm	m²			

续上表

子目号	子目名称	单位	数量	综合单价	合价
302-6-9	厚18cm	m²			
302-6-10	厚19cm	m²			
302-6-11	厚20cm	m²			
302-6-12	厚21cm	m²			
302-6-13	厚22cm	m²			
302-6-14	厚23cm	m²			
302-6-15	厚24cm	m²			
302-6-16	厚25cm	m²			
302-6-17	厚26cm	m²			
302-6-18	厚27cm	m²			
302-6-19	厚28cm	m²			
302-6-20	厚29cm	m²			
302-6-21	厚30cm	m²			
302-7	**碎石土垫层**				
302-7-1	厚10cm	m²			
302-7-2	厚11cm	m²			
302-7-3	厚12cm	m²			
302-7-4	厚13cm	m²			
302-7-5	厚14cm	m²			
302-7-6	厚15cm	m²			
302-7-7	厚16cm	m²			
302-7-8	厚17cm	m²			
302-7-9	厚18cm	m²			
302-7-10	厚19cm	m²			
302-7-11	厚20cm	m²			
302-7-12	厚21cm	m²			
302-7-13	厚22cm	m²			
302-7-14	厚23cm	m²			
302-7-15	厚24cm	m²			
302-7-16	厚25cm	m²			
302-7-17	厚26cm	m²			
302-7-18	厚27cm	m²			

续上表

子目号	子目名称	单位	数量	综合单价	合价
302-7-19	厚28cm	m²			
302-7-20	厚29cm	m²			
302-7-21	厚30cm	m²			
303	石灰稳定土底基层、基层				
303-1	石灰稳定土底基层				
303-1-1	厚10cm	m²			
303-1-2	厚11cm	m²			
303-1-3	厚12cm	m²			
303-1-4	厚13cm	m²			
303-1-5	厚14cm	m²			
303-1-6	厚15cm	m²			
303-1-7	厚16cm	m²			
303-1-8	厚17cm	m²			
303-1-9	厚18cm	m²			
303-1-10	厚19cm	m²			
303-1-11	厚20cm	m²			
303-1-12	厚21cm	m²			
303-1-13	厚22cm	m²			
303-1-14	厚23cm	m²			
303-1-15	厚24cm	m²			
303-1-16	厚25cm	m²			
303-1-17	厚26cm	m²			
303-1-18	厚27cm	m²			
303-1-19	厚28cm	m²			
303-1-20	厚29cm	m²			
303-1-21	厚30cm	m²			
303-2	搭板、埋板下石灰稳定土底基层	m³			
303-3	石灰稳定土基层				
303-3-1	厚10cm	m²			
303-3-2	厚11cm	m²			
303-3-3	厚12cm	m²			
303-3-4	厚13cm	m²			

续上表

子目号	子目名称	单位	数量	综合单价	合价
303-3-5	厚14cm	m²			
303-3-6	厚15cm	m²			
303-3-7	厚16cm	m²			
303-3-8	厚17cm	m²			
303-3-9	厚18cm	m²			
303-3-10	厚19cm	m²			
303-3-11	厚20cm	m²			
303-3-12	厚21cm	m²			
303-3-13	厚22cm	m²			
303-3-14	厚23cm	m²			
303-3-15	厚24cm	m²			
303-3-16	厚25cm	m²			
303-3-17	厚26cm	m²			
303-3-18	厚27cm	m²			
303-3-19	厚28cm	m²			
303-3-20	厚29cm	m²			
303-3-21	厚30cm	m²			
304	**水泥稳定土底基层、基层**				
304-1	**水泥稳定土底基层**				
304-1-1	水泥稳定土				
304-1-1-1	厚10cm	m²			
304-1-1-2	厚11cm	m²			
304-1-1-3	厚12cm	m²			
304-1-1-4	厚13cm	m²			
304-1-1-5	厚14cm	m²			
304-1-1-6	厚15cm	m²			
304-1-1-7	厚16cm	m²			
304-1-1-8	厚17cm	m²			
304-1-1-9	厚18cm	m²			
304-1-1-10	厚19cm	m²			
304-1-1-11	厚20cm	m²			
304-1-1-12	厚21cm	m²			

续上表

子目号	子目名称	单位	数量	综合单价	合价
304-1-1-13	厚22cm	m²			
304-1-1-14	厚23cm	m²			
304-1-1-15	厚24cm	m²			
304-1-1-16	厚25cm	m²			
304-1-1-17	厚26cm	m²			
304-1-1-18	厚27cm	m²			
304-1-1-19	厚28cm	m²			
304-1-1-20	厚29cm	m²			
304-1-1-21	厚30cm	m²			
304-1-2	水泥稳定砂砾				
304-1-2-1	厚10cm	m²			
304-1-2-2	厚11cm	m²			
304-1-2-3	厚12cm	m²			
304-1-2-4	厚13cm	m²			
304-1-2-5	厚14cm	m²			
304-1-2-6	厚15cm	m²			
304-1-2-7	厚16cm	m²			
304-1-2-8	厚17cm	m²			
304-1-2-9	厚18cm	m²			
304-1-2-10	厚19cm	m²			
304-1-2-11	厚20cm	m²			
304-1-2-12	厚21cm	m²			
304-1-2-13	厚22cm	m²			
304-1-2-14	厚23cm	m²			
304-1-2-15	厚24cm	m²			
304-1-2-16	厚25cm	m²			
304-1-2-17	厚26cm	m²			
304-1-2-18	厚27cm	m²			
304-1-2-19	厚28cm	m²			
304-1-2-20	厚29cm	m²			
304-1-2-21	厚30cm	m²			
304-1-3	水泥稳定石屑				

续上表

子目号	子目名称	单位	数量	综合单价	合价
304-1-3-1	厚10cm	m²			
304-1-3-2	厚11cm	m²			
304-1-3-3	厚12cm	m²			
304-1-3-4	厚13cm	m²			
304-1-3-5	厚14cm	m²			
304-1-3-6	厚15cm	m²			
304-1-3-7	厚16cm	m²			
304-1-3-8	厚17cm	m²			
304-1-3-9	厚18cm	m²			
304-1-3-10	厚19cm	m²			
304-1-3-11	厚20cm	m²			
304-1-3-12	厚21cm	m²			
304-1-3-13	厚22cm	m²			
304-1-3-14	厚23cm	m²			
304-1-3-15	厚24cm	m²			
304-1-3-16	厚25cm	m²			
304-1-3-17	厚26cm	m²			
304-1-3-18	厚27cm	m²			
304-1-3-19	厚28cm	m²			
304-1-3-20	厚29cm	m²			
304-1-3-21	厚30cm	m²			
304-1-4	水泥稳定碎石				
304-1-4-1	厚10cm	m²			
304-1-4-2	厚11cm	m²			
304-1-4-3	厚12cm	m²			
304-1-4-4	厚13cm	m²			
304-1-4-5	厚14cm	m²			
304-1-4-6	厚15cm	m²			
304-1-4-7	厚16cm	m²			
304-1-4-8	厚17cm	m²			
304-1-4-9	厚18cm	m²			
304-1-4-10	厚19cm	m²			

续上表

子目号	子目名称	单位	数量	综合单价	合价
304-1-4-11	厚20cm	m²			
304-1-4-12	厚21cm	m²			
304-1-4-13	厚22cm	m²			
304-1-4-14	厚23cm	m²			
304-1-4-15	厚24cm	m²			
304-1-4-16	厚25cm	m²			
304-1-4-17	厚26cm	m²			
304-1-4-18	厚27cm	m²			
304-1-4-19	厚28cm	m²			
304-1-4-20	厚29cm	m²			
304-1-4-21	厚30cm	m²			
304-2	搭板、埋板下水泥稳定土底基层				
304-2-1	水泥稳定土	m³			
304-2-2	水泥稳定砂砾	m³			
304-2-3	水泥稳定石屑	m³			
304-2-4	水泥稳定碎石	m³			
304-3	水泥、粉煤灰稳定土底基层				
304-3-1	厚10cm	m²			
304-3-2	厚11cm	m²			
304-3-3	厚12cm	m²			
304-3-4	厚13cm	m²			
304-3-5	厚14cm	m²			
304-3-6	厚15cm	m²			
304-3-7	厚16cm	m²			
304-3-8	厚17cm	m²			
304-3-9	厚18cm	m²			
304-3-10	厚19cm	m²			
304-3-11	厚20cm	m²			
304-3-12	厚21cm	m²			
304-3-13	厚22cm	m²			
304-3-14	厚23cm	m²			
304-3-15	厚24cm	m²			

续上表

子目号	子目名称	单位	数量	综合单价	合价
304-3-16	厚25cm	m²			
304-3-17	厚26cm	m²			
304-3-18	厚27cm	m²			
304-3-19	厚28cm	m²			
304-3-20	厚29cm	m²			
304-3-21	厚30cm	m²			
304-4	**搭板、埋板下水泥、粉煤灰稳定土底基层**	m³			
304-5	**水泥稳定土基层**				
304-5-1	水泥稳定土				
304-5-1-1	厚10cm	m²			
304-5-1-2	厚11cm	m²			
304-5-1-3	厚12cm	m²			
304-5-1-4	厚13cm	m²			
304-5-1-5	厚14cm	m²			
304-5-1-6	厚15cm	m²			
304-5-1-7	厚16cm	m²			
304-5-1-8	厚17cm	m²			
304-5-1-9	厚18cm	m²			
304-5-1-10	厚19cm	m²			
304-5-1-11	厚20cm	m²			
304-5-1-12	厚21cm	m²			
304-5-1-13	厚22cm	m²			
304-5-1-14	厚23cm	m²			
304-5-1-15	厚24cm	m²			
304-5-1-16	厚25cm	m²			
304-5-1-17	厚26cm	m²			
304-5-1-18	厚27cm	m²			
304-5-1-19	厚28cm	m²			
304-5-1-20	厚29cm	m²			
304-5-1-21	厚30cm	m²			
304-5-2	水泥稳定砂砾				
304-5-2-1	厚10cm	m²			

续上表

子目号	子目名称	单位	数量	综合单价	合价
304-5-2-2	厚11cm	m²			
304-5-2-3	厚12cm	m²			
304-5-2-4	厚13cm	m²			
304-5-2-5	厚14cm	m²			
304-5-2-6	厚15cm	m²			
304-5-2-7	厚16cm	m²			
304-5-2-8	厚17cm	m²			
304-5-2-9	厚18cm	m²			
304-5-2-10	厚19cm	m²			
304-5-2-11	厚20cm	m²			
304-5-2-12	厚21cm	m²			
304-5-2-13	厚22cm	m²			
304-5-2-14	厚23cm	m²			
304-5-2-15	厚24cm	m²			
304-5-2-16	厚25cm	m²			
304-5-2-17	厚26cm	m²			
304-5-2-18	厚27cm	m²			
304-5-2-19	厚28cm	m²			
304-5-2-20	厚29cm	m²			
304-5-2-21	厚30cm	m²			
304-5-3	水泥稳定石屑				
304-5-3-1	厚10cm	m²			
304-5-3-2	厚11cm	m²			
304-5-3-3	厚12cm	m²			
304-5-3-4	厚13cm	m²			
304-5-3-5	厚14cm	m²			
304-5-3-6	厚15cm	m²			
304-5-3-7	厚16cm	m²			
304-5-3-8	厚17cm	m²			
304-5-3-9	厚18cm	m²			
304-5-3-10	厚19cm	m²			
304-5-3-11	厚20cm	m²			

续上表

子目号	子目名称	单位	数量	综合单价	合价
304-5-3-12	厚21cm	m²			
304-5-3-13	厚22cm	m²			
304-5-3-14	厚23cm	m²			
304-5-3-15	厚24cm	m²			
304-5-3-16	厚25cm	m²			
304-5-3-17	厚26cm	m²			
304-5-3-18	厚27cm	m²			
304-5-3-19	厚28cm	m²			
304-5-3-20	厚29cm	m²			
304-5-3-21	厚30cm	m²			
304-5-4	水泥稳定碎石				
304-5-4-1	厚10cm	m²			
304-5-4-2	厚11cm	m²			
304-5-4-3	厚12cm	m²			
304-5-4-4	厚13cm	m²			
304-5-4-5	厚14cm	m²			
304-5-4-6	厚15cm	m²			
304-5-4-7	厚16cm	m²			
304-5-4-8	厚17cm	m²			
304-5-4-9	厚18cm	m²			
304-5-4-10	厚19cm	m²			
304-5-4-11	厚20cm	m²			
304-5-4-12	厚21cm	m²			
304-5-4-13	厚22cm	m²			
304-5-4-14	厚23cm	m²			
304-5-4-15	厚24cm	m²			
304-5-4-16	厚25cm	m²			
304-5-4-17	厚26cm	m²			
304-5-4-18	厚27cm	m²			
304-5-4-19	厚28cm	m²			
304-5-4-20	厚29cm	m²			
304-5-4-21	厚30cm	m²			

续上表

续上表

子目号	子目名称	单位	数量	综合单价	合价
304-5-4-22	厚31cm	m²			
304-5-4-23	厚32cm	m²			
304-5-4-24	厚33cm	m²			
304-5-4-25	厚34cm	m²			
304-5-4-26	厚35cm	m²			
304-5-4-27	厚36cm	m²			
304-5-4-28	厚37cm	m²			
304-5-4-29	厚38cm	m²			
304-5-4-30	厚39cm	m²			
304-5-4-31	厚40cm	m²			
304-5-4-32	厚41cm	m²			
304-5-4-33	厚42cm	m²			
304-5-4-34	厚43cm	m²			
304-5-4-35	厚44cm	m²			
304-5-4-36	厚45cm	m²			
304-5-4-37	厚46cm	m²			
304-5-4-38	厚47cm	m²			
304-5-4-39	厚48cm	m²			
304-5-4-40	厚49cm	m²			
304-5-4-41	厚50cm	m²			
304-5-4-42	厚63cm	m²			
304-5-4-43	厚65cm	m²			
304-6	**水泥、粉煤灰稳定土基层**				
304-6-1	厚10cm	m²			
304-6-2	厚11cm	m²			
304-6-3	厚12cm	m²			
304-6-4	厚13cm	m²			
304-6-5	厚14cm	m²			
304-6-6	厚15cm	m²			
304-6-7	厚16cm	m²			
304-6-8	厚17cm	m²			
304-6-9	厚18cm	m²			

续上表

子目号	子目名称	单位	数量	综合单价	合价
304-6-10	厚19cm	m²			
304-6-11	厚20cm	m²			
304-6-12	厚21cm	m²			
304-6-13	厚22cm	m²			
304-6-14	厚23cm	m²			
304-6-15	厚24cm	m²			
304-6-16	厚25cm	m²			
304-6-17	厚26cm	m²			
304-6-18	厚27cm	m²			
304-6-19	厚28cm	m²			
304-6-20	厚29cm	m²			
304-6-21	厚30cm	m²			
305	石灰、粉煤灰稳定土底基层、基层				
305-1	石灰、粉煤灰稳定土底基层				
305-1-1	厚10cm	m²			
305-1-2	厚11cm	m²			
305-1-3	厚12cm	m²			
305-1-4	厚13cm	m²			
305-1-5	厚14cm	m²			
305-1-6	厚15cm	m²			
305-1-7	厚16cm	m²			
305-1-8	厚17cm	m²			
305-1-9	厚18cm	m²			
305-1-10	厚19cm	m²			
305-1-11	厚20cm	m²			
305-1-12	厚21cm	m²			
305-1-13	厚22cm	m²			
305-1-14	厚23cm	m²			
305-1-15	厚24cm	m²			
305-1-16	厚25cm	m²			
305-1-17	厚26cm	m²			
305-1-18	厚27cm	m²			

续上表

子目号	子目名称	单位	数量	综合单价	合价
305-1-19	厚28cm	m²			
305-1-20	厚29cm	m²			
305-1-21	厚30cm	m²			
305-2	**搭板、埋板下石灰、粉煤灰稳定土底基层**				
305-2-2	搭板、埋板下石灰、粉煤灰稳定土底基层	m³			
305-3	**石灰、粉煤灰稳定土基层**				
305-3-1	厚10cm	m²			
305-3-2	厚11cm	m²			
305-3-3	厚12cm	m²			
305-3-4	厚13cm	m²			
305-3-5	厚14cm	m²			
305-3-6	厚15cm	m²			
305-3-7	厚16cm	m²			
305-3-8	厚17cm	m²			
305-3-9	厚18cm	m²			
305-3-10	厚19cm	m²			
305-3-11	厚20cm	m²			
305-3-12	厚21cm	m²			
305-3-13	厚22cm	m²			
305-3-14	厚23cm	m²			
305-3-15	厚24cm	m²			
305-3-16	厚25cm	m²			
305-3-17	厚26cm	m²			
305-3-18	厚27cm	m²			
305-3-19	厚28cm	m²			
305-3-20	厚29cm	m²			
305-3-21	厚30cm	m²			
305-4	**石灰、煤渣稳定土基层**				
305-4-1	厚10cm	m²			
305-4-2	厚11cm	m²			
305-4-3	厚12cm	m²			
305-4-4	厚13cm	m²			

续上表

子目号	子目名称	单位	数量	综合单价	合价
305-4-5	厚14cm	m²			
305-4-6	厚15cm	m²			
305-4-7	厚16cm	m²			
305-4-8	厚17cm	m²			
305-4-9	厚18cm	m²			
305-4-10	厚19cm	m²			
305-4-11	厚20cm	m²			
305-4-12	厚21cm	m²			
305-4-13	厚22cm	m²			
305-4-14	厚23cm	m²			
305-4-15	厚24cm	m²			
305-4-16	厚25cm	m²			
305-4-17	厚26cm	m²			
305-4-18	厚27cm	m²			
305-4-19	厚28cm	m²			
305-4-20	厚29cm	m²			
305-4-21	厚30cm	m²			
306	**级配碎(砾)石底基层、基层**				
306-1	**级配碎(砾)石底基层**				
306-1-1	厚10cm	m²			
306-1-2	厚11cm	m²			
306-1-3	厚12cm	m²			
306-1-4	厚13cm	m²			
306-1-5	厚14cm	m²			
306-1-6	厚15cm	m²			
306-1-7	厚16cm	m²			
306-1-8	厚17cm	m²			
306-1-9	厚18cm	m²			
306-1-10	厚19cm	m²			
306-1-11	厚20cm	m²			
306-1-12	厚21cm	m²			
306-1-13	厚22cm	m²			

续上表

子目号	子目名称	单位	数量	综合单价	合价
306-1-14	厚23cm	m²			
306-1-15	厚24cm	m²			
306-1-16	厚25cm	m²			
306-1-17	厚26cm	m²			
306-1-18	厚27cm	m²			
306-1-19	厚28cm	m²			
306-1-20	厚29cm	m²			
306-1-21	厚30cm	m²			
306-2	搭板、埋板下级配碎(砾)石底基层	m³			
306-3	级配或天然砂砾底基层				
306-3-1	厚10cm	m²			
306-3-2	厚11cm	m²			
306-3-3	厚12cm	m²			
306-3-4	厚13cm	m²			
306-3-5	厚14cm	m²			
306-3-6	厚15cm	m²			
306-3-7	厚16cm	m²			
306-3-8	厚17cm	m²			
306-3-9	厚18cm	m²			
306-3-10	厚19cm	m²			
306-3-11	厚20cm	m²			
306-3-12	厚21cm	m²			
306-3-13	厚22cm	m²			
306-3-14	厚23cm	m²			
306-3-15	厚24cm	m²			
306-3-16	厚25cm	m²			
306-3-17	厚26cm	m²			
306-3-18	厚27cm	m²			
306-3-19	厚28cm	m²			
306-3-20	厚29cm	m²			
306-3-21	厚30cm	m²			
306-4	搭板、埋板下级配或天然砂砾底基层	m³			

续上表

子目号	子目名称	单位	数量	综合单价	合价
306-5	填隙碎石底基层				
306-5-1	厚10cm	m²			
306-5-2	厚11cm	m²			
306-5-3	厚12cm	m²			
306-5-4	厚13cm	m²			
306-5-5	厚14cm	m²			
306-5-6	厚15cm	m²			
306-5-7	厚16cm	m²			
306-5-8	厚17cm	m²			
306-5-9	厚18cm	m²			
306-5-10	厚19cm	m²			
306-5-11	厚20cm	m²			
306-5-12	厚21cm	m²			
306-5-13	厚22cm	m²			
306-5-14	厚23cm	m²			
306-5-15	厚24cm	m²			
306-5-16	厚25cm	m²			
306-5-17	厚26cm	m²			
306-5-18	厚27cm	m²			
306-5-19	厚28cm	m²			
306-5-20	厚29cm	m²			
306-5-21	厚30cm	m²			
306-6	搭板、埋板下填隙碎石底基层	m³			
306-7	级配碎(砾)石基层				
306-7-1	厚10cm	m²			
306-7-2	厚11cm	m²			
306-7-3	厚12cm	m²			
306-7-4	厚13cm	m²			
306-7-5	厚14cm	m²			
306-7-6	厚15cm	m²			
306-7-7	厚16cm	m²			
306-7-8	厚17cm	m²			

续上表

子目号	子目名称	单位	数量	综合单价	合价
306-7-9	厚18cm	m²			
306-7-10	厚19cm	m²			
306-7-11	厚20cm	m²			
306-7-12	厚21cm	m²			
306-7-13	厚22cm	m²			
306-7-14	厚23cm	m²			
306-7-15	厚24cm	m²			
306-7-16	厚25cm	m²			
306-7-17	厚26cm	m²			
306-7-18	厚27cm	m²			
306-7-19	厚28cm	m²			
306-7-20	厚29cm	m²			
306-7-21	厚30cm	m²			
306-8	填隙碎(砾)石基层				
306-8-1	厚10cm	m²			
306-8-2	厚11cm	m²			
306-8-3	厚12cm	m²			
306-8-4	厚13cm	m²			
306-8-5	厚14cm	m²			
306-8-6	厚15cm	m²			
306-8-7	厚16cm	m²			
306-8-8	厚17cm	m²			
306-8-9	厚18cm	m²			
306-8-10	厚19cm	m²			
306-8-11	厚20cm	m²			
306-8-12	厚21cm	m²			
306-8-13	厚22cm	m²			
306-8-14	厚23cm	m²			
306-8-15	厚24cm	m²			
306-8-16	厚25cm	m²			
306-8-17	厚26cm	m²			
306-8-18	厚27cm	m²			

续上表

子目号	子目名称	单位	数量	综合单价	合价
306-8-19	厚28cm	m²			
306-8-20	厚29cm	m²			
306-8-21	厚30cm	m²			
307	**沥青稳定碎石基层(ATB)**				
307-1	**密级配沥青稳定碎石(ATB-40)**				
307-1-1	厚8cm	m²			
307-1-2	厚9cm	m²			
307-1-3	厚10cm	m²			
307-1-4	厚11cm	m²			
307-1-5	厚12cm	m²			
307-1-6	厚13cm	m²			
307-1-7	厚14cm	m²			
307-1-8	厚15cm	m²			
307-1-9	厚16cm	m²			
307-2	**密级配沥青稳定碎石(ATB-30)**				
307-2-1	厚8cm	m²			
307-2-2	厚9cm	m²			
307-2-3	厚10cm	m²			
307-2-4	厚11cm	m²			
307-2-5	厚12cm	m²			
307-2-6	厚13cm	m²			
307-2-7	厚14cm	m²			
307-2-8	厚15cm	m²			
307-2-9	厚16cm	m²			
307-3	**密级配沥青稳定碎石(ATB-25)**				
307-3-1	厚8cm	m²			
307-3-2	厚9cm	m²			
307-3-3	厚10cm	m²			
307-3-4	厚11cm	m²			
307-3-5	厚12cm	m²			
307-3-6	厚13cm	m²			
307-3-7	厚14cm	m²			

续上表

子目号	子目名称	单位	数量	综合单价	合价
307-3-8	厚15cm	m²			
307-3-9	厚16cm	m²			
308	透层和黏层				
308-1	透层				
308-1-1	液体沥青(稀释沥青)	m²			
308-1-2	乳化沥青	m²			
308-1-3	煤沥青	m²			
308-2	黏层				
308-2-1	热沥青	m²			
308-2-2	改性乳化沥青	m²			
308-2-3	改性沥青	m²			
308-2-4	乳化沥青	m²			
309	热拌沥青混合料面层				
309-1	密级配沥青混凝土混合料(AC)				
309-1-1	密级配沥青混凝土混合料(AC-25)				
309-1-1-1	厚4cm	m²			
309-1-1-2	厚5cm	m²			
309-1-1-3	厚6cm	m²			
309-1-1-4	厚7cm	m²			
309-1-1-5	厚8cm	m²			
309-1-1-6	厚9cm	m²			
309-1-1-7	厚10cm	m²			
309-1-2	密级配沥青混凝土混合料(AC-20)				
309-1-2-1	厚4cm	m²			
309-1-2-2	厚5cm	m²			
309-1-2-3	厚6cm	m²			
309-1-2-4	厚7cm	m²			
309-1-2-5	厚8cm	m²			
309-1-2-6	厚9cm	m²			
309-1-2-7	厚10cm	m²			
309-1-3	密级配沥青混凝土混合料(AC-16)				
309-1-3-1	厚4cm	m²			

续上表

子目号	子目名称	单位	数量	综合单价	合价
309-1-3-2	厚5cm	m²			
309-1-3-3	厚6cm	m²			
309-1-3-4	厚7cm	m²			
309-1-3-5	厚8cm	m²			
309-1-3-6	厚9cm	m²			
309-1-3-7	厚10cm	m²			
309-1-4	密级配沥青混凝土混合料(AC-13)				
309-1-4-1	厚2.5cm	m²			
309-1-4-2	厚3cm	m²			
309-1-4-3	厚3.5cm	m²			
309-1-4-4	厚4cm	m²			
309-1-4-5	厚5cm	m²			
309-1-4-6	厚6cm	m²			
309-1-5	密级配沥青混凝土混合料(AC-10)				
309-1-5-1	厚2cm	m²			
309-1-5-2	厚2.5cm	m²			
309-1-5-3	厚3cm	m²			
309-1-5-4	厚3.5cm	m²			
309-1-5-5	厚4cm	m²			
309-1-5-6	厚5cm	m²			
309-1-5-7	厚6cm	m²			
309-1-6	密级配沥青混凝土混合料(AC-5)				
309-1-6-1	厚1.5cm	m²			
309-1-6-2	厚2cm	m²			
309-1-6-3	厚2.5cm	m²			
309-1-6-4	厚3cm	m²			
309-2	**沥青玛蹄脂碎石混合料(SMA)**				
309-2-1	沥青玛蹄脂碎石混合料(SMA-20)				
309-2-1-1	厚4cm	m²			
309-2-1-2	厚5cm	m²			
309-2-1-3	厚6cm	m²			
309-2-1-4	厚7cm	m²			

续上表

续上表

子目号	子目名称	单位	数量	综合单价	合价
309-2-1-5	厚8cm	m²			
309-2-2	沥青玛蹄脂碎石混合料(SMA-16)				
309-2-2-1	厚4cm	m²			
309-2-2-2	厚5cm	m²			
309-2-2-3	厚6cm	m²			
309-2-2-4	厚7cm	m²			
309-2-2-5	厚8cm	m²			
309-2-3	沥青玛蹄脂碎石混合料(SMA-13)				
309-2-3-1	厚2.5cm	m²			
309-2-3-2	厚3cm	m²			
309-2-3-3	厚3.5cm	m²			
309-2-3-4	厚4cm	m²			
309-2-3-5	厚5cm	m²			
309-2-3-6	厚6cm	m²			
309-2-4	沥青玛蹄脂碎石混合料(SMA-10)				
309-2-4-1	厚2.5cm	m²			
309-2-4-2	厚3cm	m²			
309-2-4-3	厚3.5cm	m²			
309-2-4-4	厚4cm	m²			
309-2-4-5	厚5cm	m²			
309-2-4-6	厚6cm	m²			
309-3	半开级配沥青碎石混合料(AM)				
309-3-1	半开级配沥青碎石混合料(AM-20)				
309-3-1-1	厚5cm	m²			
309-3-1-2	厚6cm	m²			
309-3-1-3	厚7cm	m²			
309-3-1-4	厚8cm	m²			
309-3-2	半开级配沥青碎石混合料(AM-16)				
309-3-2-1	厚5cm	m²			
309-3-2-2	厚6cm	m²			
309-3-2-3	厚7cm	m²			
309-3-2-4	厚8cm	m²			

续上表

子目号	子目名称	单位	数量	综合单价	合价
309-3-3	半开级配沥青碎石混合料（AM-13）				
309-3-3-1	厚4cm	m²			
309-3-3-2	厚5cm	m²			
309-3-3-3	厚6cm	m²			
309-3-4	半开级配沥青碎石混合料（AM-10）				
309-3-4-1	厚4cm	m²			
309-3-4-2	厚5cm	m²			
309-3-4-3	厚6cm	m²			
309-4	**开级配沥青稳定碎石混合料（ATPB）**				
309-4-1	开级配沥青稳定碎石混合料（ATPB-40）				
309-4-1-1	厚12cm	m²			
309-4-1-2	厚13cm	m²			
309-4-1-3	厚14cm	m²			
309-4-1-4	厚15cm	m²			
309-4-2	开级配沥青稳定碎石混合料（ATPB-30）				
309-4-2-1	厚12cm	m²			
309-4-2-2	厚13cm	m²			
309-4-2-3	厚14cm	m²			
309-4-2-4	厚15cm	m²			
309-4-3	开级配沥青稳定碎石混合料（ATPB-25）				
309-4-3-1	厚8cm	m²			
309-4-3-2	厚9cm	m²			
309-4-3-3	厚10cm	m²			
309-4-3-4	厚11cm	m²			
309-4-3-5	厚12cm	m²			
309-4-3-6	厚13cm	m²			
309-4-3-7	厚14cm	m²			
309-4-3-8	厚15cm	m²			
309-5	**开级配排水式磨耗层混合料（OGFC）**				
309-5-1	开级配排水式磨耗层混合料（OGFC-16）				
309-5-1-1	厚2cm	m²			
309-5-1-2	厚2.5cm	m²			

续上表

子目号	子目名称	单位	数量	综合单价	合价
309-5-1-3	厚3cm	m²			
309-5-1-4	厚4cm	m²			
309-5-1-5	厚5cm	m²			
309-5-2	开级配排水式磨耗层混合料（OGFC-13）				
309-5-2-1	厚2cm	m²			
309-5-2-2	厚2.5cm	m²			
309-5-2-3	厚3cm	m²			
309-5-2-4	厚4cm	m²			
309-5-2-5	厚5cm	m²			
309-5-3	开级配排水式磨耗层混合料（OGFC-10）				
309-5-3-1	厚2cm	m²			
309-5-3-2	厚2.5cm	m²			
309-5-3-3	厚3cm	m²			
309-5-3-4	厚4cm	m²			
310	**沥青表面处治与封层**				
310-1	**沥青表面处治**				
310-1-1	石油沥青表面处置				
310-1-1-1	厚1cm	m²			
310-1-1-2	厚1.5cm	m²			
310-1-1-3	厚2cm	m²			
310-1-1-4	厚2.5cm	m²			
310-1-1-5	厚3cm	m²			
310-1-2	乳化沥青表面处置				
310-1-2-1	厚0.5cm	m²			
310-1-2-2	厚1cm	m²			
310-1-2-3	厚2cm	m²			
310-1-2-4	厚3cm	m²			
310-1-2-5	厚4cm	m²			
310-2	**封层**				
310-2-1	乳化沥青稀浆封层				
310-2-1-1	厚0.3cm	m²			
310-2-1-2	厚0.4cm	m²			

续上表

子目号	子目名称	单位	数量	综合单价	合价
310-2-1-3	厚0.5cm	m²			
310-2-1-4	厚0.6cm	m²			
310-2-1-5	厚0.7cm	m²			
310-2-1-6	厚0.8cm	m²			
310-2-2	改性乳化沥青稀浆封层				
310-2-2-1	厚0.3cm	m²			
310-2-2-2	厚0.4cm	m²			
310-2-2-3	厚0.5cm	m²			
310-2-2-4	厚0.6cm	m²			
310-2-2-5	厚0.7cm	m²			
310-2-2-6	厚0.8cm	m²			
310-2-2-7	厚0.9cm	m²			
310-2-2-8	厚1.0cm	m²			
310-2-3	微表处				
310-2-3-1	厚0.4cm	m²			
310-2-3-2	厚0.5cm	m²			
310-2-3-3	厚0.6cm	m²			
310-2-3-4	厚0.7cm	m²			
310-2-3-5	厚0.8cm	m²			
310-2-3-6	厚0.9cm	m²			
310-2-3-7	厚1.0cm	m²			
310-2-4	同步碎石封层				
310-2-4-1	厚0.4cm	m²			
310-2-4-2	厚0.5cm	m²			
310-2-4-3	厚0.6cm	m²			
310-2-4-4	厚0.7cm	m²			
310-2-4-5	厚0.8cm	m²			
310-2-4-6	厚0.9cm	m²			
310-2-4-7	厚1.0cm	m²			
311	改性沥青及改性沥青混合料				
311-1	密级配沥青混凝土混合料（AC）				
311-1-1	密级配沥青混凝土混合料（AC-25）				

续上表

子目号	子目名称	单位	数量	综合单价	合价
311-1-1-1	厚4cm	m²			
311-1-1-2	厚5cm	m²			
311-1-1-3	厚6cm	m²			
311-1-1-4	厚7cm	m²			
311-1-1-5	厚8cm	m²			
311-1-1-6	厚9cm	m²			
311-1-1-7	厚10cm	m²			
311-1-2	密级配沥青混凝土混合料（AC-20）				
311-1-2-1	厚4cm	m²			
311-1-2-2	厚5cm	m²			
311-1-2-3	厚6cm	m²			
311-1-2-4	厚7cm	m²			
311-1-2-5	厚8cm	m²			
311-1-2-6	厚9cm	m²			
311-1-2-7	厚10cm	m²			
311-1-3	密级配沥青混凝土混合料（AC-16）				
311-1-3-1	厚4cm	m²			
311-1-3-2	厚5cm	m²			
311-1-3-3	厚6cm	m²			
311-1-3-4	厚7cm	m²			
311-1-3-5	厚8cm	m²			
311-1-3-6	厚9cm	m²			
311-1-3-7	厚10cm				
311-1-4	密级配沥青混凝土混合料（AC-13）				
311-1-4-1	厚2.5cm	m²			
311-1-4-2	厚3cm	m²			
311-1-4-3	厚3.5cm	m²			
311-1-4-4	厚4cm	m²			
311-1-4-5	厚5cm	m²			
311-1-4-6	厚6cm	m²			
311-1-5	密级配沥青混凝土混合料（AC-10）				
311-1-5-1	厚2.5cm	m²			

续上表

子目号	子目名称	单位	数量	综合单价	合价
311-1-5-2	厚3cm	m²			
311-1-5-3	厚3.5cm	m²			
311-1-5-4	厚4cm	m²			
311-1-5-5	厚5cm	m²			
311-1-5-6	厚6cm	m²			
311-1-6	密级配沥青混凝土混合料(AC-5)				
311-1-6-1	厚1.5cm	m²			
311-1-6-2	厚2cm	m²			
311-1-6-3	厚2.5cm	m²			
311-1-6-4	厚3cm	m²			
311-2	**沥青玛蹄脂碎石混合料(SMA)**				
311-2-1	沥青玛蹄脂碎石混合料(SMA-20)				
311-2-1-1	厚4cm	m²			
311-2-1-2	厚5cm	m²			
311-2-1-3	厚6cm	m²			
311-2-1-4	厚7cm	m²			
311-2-1-5	厚8cm	m²			
311-2-2	沥青玛蹄脂碎石混合料(SMA-16)				
311-2-2-1	厚4cm	m²			
311-2-2-2	厚5cm	m²			
311-2-2-3	厚6cm	m²			
311-2-2-4	厚7cm	m²			
311-2-2-5	厚8cm	m²			
311-2-3	沥青玛蹄脂碎石混合料(SMA-13)				
311-2-3-1	厚2.5cm	m²			
311-2-3-2	厚3cm	m²			
311-2-3-3	厚3.5cm	m²			
311-2-3-4	厚4cm	m²			
311-2-3-5	厚5cm	m²			
311-2-3-6	厚6cm	m²			
311-2-4	沥青玛蹄脂碎石混合料(SMA-10)				
311-2-4-1	厚2.5cm	m²			

续上表

子目号	子目名称	单位	数量	综合单价	合价
311-2-4-2	厚3cm	m²			
311-2-4-3	厚3.5cm	m²			
311-2-4-4	厚4cm	m²			
311-2-4-5	厚5cm	m²			
311-2-4-6	厚6cm	m²			
311-3	半开级配沥青碎石混合料(AM)				
311-3-1	半开级配沥青碎石混合料(AM-20)				
311-3-1-1	厚5cm	m²			
311-3-1-2	厚6cm	m²			
311-3-1-3	厚7cm	m²			
311-3-1-4	厚8cm	m²			
311-3-2	半开级配沥青碎石混合料(AM-16)				
311-3-2-1	厚5cm	m²			
311-3-2-2	厚6cm	m²			
311-3-2-3	厚7cm	m²			
311-3-2-4	厚8cm	m²			
311-3-3	半开级配沥青碎石混合料(AM-13)				
311-3-3-1	厚4cm	m²			
311-3-3-2	厚5cm	m²			
311-3-3-3	厚6cm	m²			
311-3-4	半开级配沥青碎石混合料(AM-10)				
311-3-4-1	厚4cm	m²			
311-3-4-2	厚5cm	m²			
311-3-4-3	厚6cm	m²			
311-4	开级配沥青稳定碎石混合料(ATPB)				
311-4-1	开级配沥青稳定碎石混合料(ATPB-40)				
311-4-1-1	厚12cm	m²			
311-4-1-2	厚13cm	m²			
311-4-1-3	厚14cm	m²			
311-4-1-4	厚15cm	m²			
311-4-2	开级配沥青稳定碎石混合料(ATPB-30)				
311-4-2-1	厚12cm	m²			

续上表

子目号	子目名称	单位	数量	综合单价	合价
311-4-2-2	厚13cm	m²			
311-4-2-3	厚14cm	m²			
311-4-2-4	厚15cm	m²			
311-4-3	开级配沥青稳定碎石混合料(ATPB-25)				
311-4-3-1	厚8cm	m²			
311-4-3-2	厚9cm	m²			
311-4-3-3	厚10cm	m²			
311-4-3-4	厚11cm	m²			
311-4-3-5	厚12cm	m²			
311-4-3-6	厚13cm	m²			
311-4-3-7	厚14cm	m²			
311-4-3-8	厚15cm	m²			
311-5	**开级配排水式磨耗层混合料(OGFC)**				
311-5-1	开级配排水式磨耗层混合料(OGFC-16)				
311-5-1-1	厚2cm	m²			
311-5-1-2	厚2.5cm	m²			
311-5-1-3	厚3cm	m²			
311-5-1-4	厚3.5cm	m²			
311-5-1-5	厚4cm	m²			
311-5-1-6	厚5cm	m²			
311-5-2	开级配排水式磨耗层混合料(OGFC-13)				
311-5-2-1	厚2cm	m²			
311-5-2-2	厚2.5cm	m²			
311-5-2-3	厚3cm	m²			
311-5-2-4	厚4cm	m²			
311-5-2-5	厚5cm	m²			
311-5-3	开级配排水式磨耗层混合料(OGFC-10)				
311-5-3-1	厚2cm	m²			
311-5-3-2	厚2.5cm	m²			
311-5-3-3	厚3cm	m²			
311-5-3-4	厚4cm	m²			
311-6	**硅藻土改性沥青混合料**				

续上表

子目号	子目名称	单位	数量	综合单价	合价
311-6-1	粗粒式				
311-6-1-1	厚6cm	m²			
311-6-1-2	厚7cm	m²			
311-6-1-3	厚8cm	m²			
311-6-1-4	厚9cm	m²			
311-6-1-5	厚10cm	m²			
311-6-2	中粒式				
311-6-2-1	厚4cm	m²			
311-6-2-2	厚5cm	m²			
311-6-2-3	厚6cm	m²			
311-6-2-4	厚7cm	m²			
311-6-2-5	厚8cm	m²			
311-6-2-6	厚9cm	m²			
311-6-2-7	厚10cm	m²			
311-6-3	细粒式				
311-6-3-1	厚2.5cm	m²			
311-6-3-2	厚3cm	m²			
311-6-3-3	厚3.5cm	m²			
311-6-3-4	厚4cm	m²			
312	水泥混凝土路面板				
312-1	普通水泥混凝土面板				
312-1-1	混凝土(弯拉强度2.5MPa)	m³			
312-1-2	混凝土(弯拉强度3.0MPa)	m³			
312-1-3	混凝土(弯拉强度3.5MPa)	m³			
312-1-4	混凝土(弯拉强度4.0MPa)	m³			
312-1-5	混凝土(弯拉强度4.5MPa)	m³			
312-1-6	混凝土(弯拉强度5.0MPa)	m³			
312-1-7	混凝土(弯拉强度5.5MPa)	m³			
312-2	纤维水泥混凝土面板				
312-2-1	C25混凝土	m³			
312-2-2	C30混凝土	m³			
312-2-3	C35混凝土	m³			

续上表

子目号	子目名称	单位	数量	综合单价	合价
312-2-4	C40混凝土	m³			
312-2-5	C45混凝土	m³			
312-2-6	C50混凝土	m³			
312-3	碾压水泥混凝土面板				
312-3-1	C20混凝土	m³			
312-3-2	C25混凝土	m³			
312-3-3	C30混凝土	m³			
312-3-4	C35混凝土	m³			
312-4	钢筋				
312-4-1	光圆钢筋(HPB300)	kg			
312-4-2	带肋钢筋(HRB400)	kg			
312-5	混凝土面板表面处理				
312-5-1	混凝土面板表面处理	m²			
313	培土路肩、中央分隔带回填土、土路肩加固及路缘石				
313-1	培土路肩				
313-1-1	培土路肩	m³			
313-2	中央分隔带回填土	m³			
313-3	现浇混凝土加固土路肩				
313-3-1	C15混凝土	m³			
313-3-2	C20混凝土	m³			
313-3-3	C25混凝土	m³			
313-4	混凝土预制块加固土路肩				
313-4-1	C15混凝土	m³			
313-4-2	C20混凝土	m³			
313-5	浆砌片(块)石加固土路肩				
313-5-1	M5浆砌片(块)石	m³			
313-5-2	M7.5浆砌片(块)石	m³			
313-5-3	M10浆砌片(块)石	m³			
313-6	混凝土预制块路缘石				
313-6-1	C15混凝土	m³			
313-6-2	C20混凝土	m³			
313-6-3	C25混凝土	m³			

续上表

续上表

子目号	子目名称	单位	数量	综合单价	合价
313-6-4	C30 混凝土	m³			
313-7	浆砌片(块)石路缘石				
313-7-1	M7.5 浆砌片(块)石	m³			
313-7-2	M10 浆砌片(块)石	m³			
313-8	现浇混凝土路缘石				
313-8-1	C15 片石混凝土	m³			
313-8-2	C20 片石混凝土	m³			
313-8-3	C25 片石混凝土	m³			
313-8-4	C15 混凝土	m³			
313-8-5	C20 混凝土	m³			
313-8-6	C25 混凝土	m³			
314	路面及中央分隔带排水				
314-1	中央分隔带渗沟				
314-1-1	PVC-U 管式渗沟				
314-1-1-1	DN80mm	m			
314-1-1-2	DN100mm	m			
314-1-1-3	DN110mm	m			
314-1-1-4	DN300mm	m			
314-1-1-5	DN350mm	m			
314-1-1-6	DN400mm	m			
314-1-1-7	DN450mm	m			
314-1-1-8	DN500mm	m			
314-1-1-9	DN550mm	m			
314-1-1-10	DN600mm	m			
314-1-2	高密度聚乙烯管(HDPE)				
314-1-2-1	DN80mm	m			
314-1-2-2	DN100mm	m			
314-1-2-3	DN110mm	m			
314-1-2-4	DN200mm	m			
314-1-2-5	DN300mm	m			
314-1-2-6	DN400mm	m			
314-1-2-7	DN500mm	m			

续上表

子目号	子目名称	单位	数量	综合单价	合价
314-1-2-8	DN600mm	m			
314-1-3	聚乙烯管(PE)				
314-1-3-1	DN80mm	m			
314-1-3-2	DN100mm	m			
314-1-3-3	DN110mm	m			
314-1-3-4	DN200mm	m			
314-1-3-5	DN300mm	m			
314-1-3-6	DN400mm	m			
314-1-3-7	DN500mm	m			
314-1-3-8	DN600mm	m			
314-2	中央分隔带雨水管沟				
314-2-1	现浇混凝土雨水沟				
314-2-1-1	C20 混凝土	m³			
314-2-1-2	C25 混凝土	m³			
314-2-1-3	C30 混凝土	m³			
314-2-2	预制安装混凝土雨水沟				
314-2-2-1	C20 混凝土	m³			
314-2-2-2	C25 混凝土	m³			
314-2-2-3	C30 混凝土	m³			
314-3	横向排水管				
314-3-1	混凝土横向排水管(Ⅰ级管)				
314-3-1-1	内径300mm	m			
314-3-1-2	内径350mm	m			
314-3-1-3	内径400mm	m			
314-3-1-4	内径450mm	m			
314-3-1-5	内径500mm	m			
314-3-1-6	内径550mm	m			
314-3-1-7	内径600mm	m			
314-3-2	混凝土横向排水管(Ⅱ级管)				
314-3-2-1	内径300mm	m			
314-3-2-2	内径350mm	m			
314-3-2-3	内径400mm	m			

续上表

子目号	子目名称	单位	数量	综合单价	合价
314-3-2-4	内径450mm	m			
314-3-2-5	内径500mm	m			
314-3-2-6	内径550mm	m			
314-3-2-7	内径600mm	m			
314-3-2-8	内径1000mm	m			
314-3-3	聚氯乙烯管(PVC)				
314-3-3-1	DN50mm	m			
314-3-3-2	DN80mm	m			
314-3-3-3	DN90mm	m			
314-3-3-4	DN100mm	m			
314-3-3-5	DN110mm	m			
314-3-3-6	DN125mm	m			
314-3-4	高密度聚乙烯管(HDPE)				
314-3-4-1	DN60mm	m			
314-3-4-2	DN90mm	m			
314-3-4-3	DN110mm	m			
314-3-4-4	DN125mm	m			
314-4	中央分隔带集水井(检查井)				
314-4-1	现浇混凝土集水井(检查井)				
314-4-1-1	C15混凝土	m³			
314-4-1-2	C20混凝土	m³			
314-4-1-3	C25混凝土	m³			
314-4-1-4	C30混凝土	m³			
314-4-2	预制安装混凝土集水井(检查井)				
314-4-2-1	C20混凝土	m³			
314-4-2-2	C25混凝土	m³			
314-4-2-3	C30混凝土	m³			
314-4-3	砖砌集水井(检查井)	m³			
314-4-4	石砌集水井(检查井)	m³			
314-4-5	预制安装混凝土井盖板				
314-4-5-1	C25混凝土	m³			
314-4-5-2	C30混凝土	m³			

续上表

子目号	子目名称	单位	数量	综合单价	合价
314-4-5-3	C35 混凝土	m³			
314-4-6	钢筋				
314-4-6-1	光圆钢筋(HPB300)	kg			
314-4-6-2	带肋钢筋(HRB400)	kg			
314-5	**拦水带**				
314-5-1	水泥混凝土预制块拦水带	m³			
314-5-2	沥青混凝土拦水带	m³			
314-6	**路肩排水沟**				
314-6-1	混凝土路肩排水沟	m			
315	**其他路面**				
315-1	**沥青贯入式碎石路面**				
315-1-1	石油沥青贯入式路面				
315-1-1-1	厚3cm	m²			
315-1-1-2	厚4cm	m²			
315-1-1-3	厚5cm	m²			
315-1-1-4	厚6cm	m²			
315-1-2	乳化沥青贯入式路面				
315-1-2-1	厚3cm	m²			
315-1-2-2	厚4cm	m²			
315-1-2-3	厚5cm	m²			
315-1-2-4	厚6cm	m²			
315-2	**上拌下贯式沥青碎石路面**				
315-2-1	石油沥青贯入式路面				
315-2-1-1	厚4cm	m²			
315-2-1-2	厚5cm	m²			
315-2-1-3	厚6cm	m²			
315-2-1-4	厚7cm	m²			
315-2-1-5	厚8cm	m²			
315-2-2	乳化沥青贯入层式路面				
315-2-2-1	厚4cm	m²			
315-2-2-2	厚5cm	m²			
315-2-2-3	厚6cm	m²			

续上表

续上表

子目号	子目名称	单位	数量	综合单价	合价
315-2-2-4	厚7cm	m²			
315-2-2-5	厚8cm	m²			
315-3	**贫混凝土基层**				
315-3-1	C7.5贫混凝土	m³			
315-3-2	C10贫混凝土	m³			
315-3-3	C15贫混凝土	m³			
315-3-4	C20贫混凝土	m³			
315-3-5	C25贫混凝土	m³			
315-3-6	C30贫混凝土	m³			
315-4	**天然砂砾路面**				
315-4-1	厚10cm	m²			
315-4-2	厚11cm	m²			
315-4-3	厚12cm	m²			
315-4-4	厚13cm	m²			
315-4-5	厚14cm	m²			
315-4-6	厚15cm	m²			
315-4-7	厚16cm	m²			
315-4-8	厚17cm	m²			
315-4-9	厚18cm	m²			
315-4-10	厚19cm	m²			
315-4-11	厚20cm	m²			
315-5	**级配碎(砾)石路面**				
315-5-1	厚10cm	m²			
315-5-2	厚11cm	m²			
315-5-3	厚12cm	m²			
315-5-4	厚13cm	m²			
315-5-5	厚14cm	m²			
315-5-6	厚15cm	m²			
315-5-7	厚16cm	m²			
315-5-8	厚17cm	m²			
315-5-9	厚18cm	m²			
315-5-10	厚19cm	m²			

续上表

子目号	子目名称	单位	数量	综合单价	合价
315-5-11	厚20cm	m²			
315-6	**粒料改善土路面**				
315-6-1	砂改善土	m³			
315-6-2	砾石改善土	m³			
315-6-3	黏土改善土	m³			
315-7	**泥结碎(砾)石路面**				
315-7-1	厚10cm	m²			
315-7-2	厚11cm	m²			
315-7-3	厚12cm	m²			
315-7-4	厚13cm	m²			
315-7-5	厚14cm	m²			
315-7-6	厚15cm	m²			
315-7-7	厚16cm	m²			
315-7-8	厚17cm	m²			
315-7-9	厚18cm	m²			
315-7-10	厚19cm	m²			
315-7-11	厚20cm	m²			
315-7-12	厚30cm	m²			
315-8	**整齐块石路面**				
315-8-1	水泥混凝土预制块路面				
315-8-1-1	C20混凝土	m³			
315-8-1-2	C25混凝土	m³			
315-8-1-3	C30混凝土	m³			
315-8-2	砖块路面				
315-8-2-1	厚6cm以内,含6cm	m²			
315-8-2-2	厚7cm	m²			
315-8-2-3	厚8cm	m²			
315-8-2-4	厚9cm	m²			
315-8-2-5	厚10cm	m²			
315-8-2-6	厚11cm	m²			
315-8-2-7	厚12cm	m²			
315-8-2-8	厚13cm	m²			

续上表

子目号	子目名称	单位	数量	综合单价	合价
315-8-2-9	厚14cm	m^2			
315-8-2-10	厚15cm	m^2			
315-8-2-11	厚16cm	m^2			
315-8-2-12	厚17cm	m^2			
315-8-2-13	厚18cm	m^2			
315-8-2-14	厚19cm	m^2			
315-8-2-15	厚20cm	m^2			
315-8-3	块石路面				
315-8-3-1	厚10cm以内,含10cm	m^2			
315-8-3-2	厚11cm	m^2			
315-8-3-3	厚12cm	m^2			
315-8-3-4	厚13cm	m^2			
315-8-3-5	厚14cm	m^2			
315-8-3-6	厚15cm	m^2			
315-8-3-7	厚16cm	m^2			
315-8-3-8	厚17cm	m^2			
315-8-3-9	厚18cm	m^2			
315-8-3-10	厚19cm	m^2			
315-8-3-11	厚20cm	m^2			
315-9	**半整齐块石路面**				
315-9-1	粗凿块石				
315-9-1-1	厚10cm以内,含10cm	m^2			
315-9-1-2	厚11cm	m^2			
315-9-1-3	厚12cm	m^2			
315-9-1-4	厚13cm	m^2			
315-9-1-5	厚14cm	m^2			
315-9-1-6	厚15cm	m^2			
315-9-1-7	厚16cm	m^2			
315-9-1-8	厚17cm	m^2			
315-9-1-9	厚18cm	m^2			
315-9-1-10	厚19cm	m^2			
315-9-1-11	厚20cm	m^2			

续上表

子目号	子目名称	单位	数量	综合单价	合价

续上表

子目号	子目名称	单位	数量	综合单价	合价
315-10	**不整齐块石路面**				
315-10-1	拳石				
315-10-1-1	厚8cm以内,含8cm	m²			
315-10-1-2	厚9cm	m²			
315-10-1-3	厚10cm	m²			
315-10-1-4	厚11cm	m²			
315-10-1-5	厚12cm	m²			
315-10-1-6	厚13cm	m²			
315-10-1-7	厚14cm	m²			
315-10-1-8	厚15cm	m²			
315-10-1-9	厚16cm	m²			
315-10-1-10	厚17cm	m²			
315-10-1-11	厚18cm	m²			
315-10-1-12	厚19cm	m²			
315-10-1-13	厚20cm	m²			
315-10-2	手摆片石				
315-10-2-1	厚15cm	m²			
315-10-2-2	厚16cm	m²			
315-10-2-3	厚17cm	m²			
315-10-2-4	厚18cm	m²			
315-10-2-5	厚19cm	m²			
315-10-2-6	厚20cm	m²			
315-10-2-7	厚21cm	m²			
315-10-2-8	厚22cm	m²			
315-10-2-9	厚23cm	m²			
315-10-2-10	厚24cm	m²			
315-10-2-11	厚25cm	m²			
315-10-2-12	厚26cm	m²			
315-10-2-13	厚27cm	m²			
315-10-2-14	厚28cm	m²			
315-10-2-15	厚29cm	m²			
315-10-2-16	厚30cm	m²			

续上表

续上表

子目号	子目名称	单位	数量	综合单价	合价
315-10-2-17	厚55.6cm	m^2			
315-11	**避险车道**				
315-11-1	碎石路面	m^3			
315-11-2	豆砾石路面	m^3			
316	**温拌沥青混合料**				
316-1	**密级配沥青混凝土混合料(AC)**				
316-1-1	厚2.5cm	m^2			
316-1-2	厚3cm	m^2			
316-1-3	厚3.5cm	m^2			
316-1-4	厚4cm	m^2			
316-1-5	厚5cm	m^2			
316-1-6	厚6cm	m^2			
316-1-7	厚7cm	m^2			
316-1-8	厚8cm	m^2			
清单 第300章合计 人民币_____					

4 第400章 桥梁、涵洞

清单　第400章　桥梁、涵洞						
子目号	子目名称		单位	数量	综合单价	合价
401	通则						
401-1	桥梁荷载试验(暂估价)		总额			
401-2	特大桥监控量测(暂估价)		总额			
401-3	地质钻探及取样试验(暂定工程量)					
	401-3-1	直径70mm	m			
	401-3-2	直径110mm	m			
402	模板、拱架和支架					
403	钢筋					
403-1	基础钢筋(含灌注桩、承台、沉桩、沉井等)					
	403-1-1	光圆钢筋(HPB300)	kg			
	403-1-2	带肋钢筋(HRB400)	kg			
	403-1-3	带肋钢筋(KL400)	kg			
	403-1-4	冷轧钢筋网	kg			
403-2	下部结构钢筋					
	403-2-1	光圆钢筋(HPB300)	kg			
	403-2-2	带肋钢筋(HRB400)	kg			
	403-2-3	带肋钢筋(KL400)	kg			
	403-2-4	冷拉钢筋	kg			
	403-2-5	冷轧钢筋网	kg			
	403-2-6	劲性骨架	kg			
403-3	上部结构钢筋					
	403-3-1	光圆钢筋(HPB300)	kg			
	403-3-2	带肋钢筋(HRB400)	kg			
	403-3-3	带肋钢筋(KL400)	kg			
	403-3-4	冷拉钢筋	kg			
	403-3-5	冷轧钢筋网	kg			
403-4	附属结构钢筋					
	403-4-1	光圆钢筋(HPB300)	kg			

续上表

子目号	子目名称	单位	数量	综合单价	合价
403-4-2	带肋钢筋（HRB400）	kg			
403-4-3	带肋钢筋（KL400）	kg			
403-4-4	冷轧钢筋网	kg			
404	基础挖方及回填				
404-1	桥梁基坑挖方				
404-1-1	干处挖土方	m^3			
404-1-2	水下挖土方	m^3			
404-1-3	干处挖石方	m^3			
404-1-4	水下挖石方	m^3			
404-2	桥梁范围内侵入土体的开挖				
404-2-1	桥跨内切土方	m^3			
404-2-2	桥跨内切石方	m^3			
404-3	基础垫层				
404-3-1	碎石垫层	m^3			
404-3-2	砂(砾)垫层	m^3			
404-3-3	片石垫层	m^3			
405	钻孔灌注桩				
405-1	钻孔灌注桩				
405-1-1	陆上钻孔灌注桩				
405-1-1-1	直径0.8m	m			
405-1-1-2	直径1.0m	m			
405-1-1-3	直径1.1m	m			
405-1-1-4	直径1.2m	m			
405-1-1-5	直径1.3m	m			
405-1-1-6	直径1.4m	m			
405-1-1-7	直径1.5m	m			
405-1-1-8	直径1.6m	m			
405-1-1-9	直径1.7m	m			
405-1-1-10	直径1.8m	m			
405-1-1-11	直径1.9m	m			
405-1-1-12	直径2.0m	m			
405-1-1-13	直径2.1m	m			

续上表

子目号	子目名称	单位	数量	综合单价	合价
405-1-1-14	直径2.2m	m			
405-1-1-15	直径2.3m	m			
405-1-1-16	直径2.4m	m			
405-1-1-17	直径2.5m	m			
405-1-1-18	直径2.6m	m			
405-1-1-19	直径2.7m	m			
405-1-1-20	直径2.8m	m			
405-1-1-21	直径2.9m	m			
405-1-1-22	直径3.0m	m			
405-1-2	水中钻孔灌注桩				
405-1-2-1	直径0.8m	m			
405-1-2-2	直径1.0m	m			
405-1-2-3	直径1.1m	m			
405-1-2-4	直径1.2m	m			
405-1-2-5	直径1.3m	m			
405-1-2-6	直径1.4m	m			
405-1-2-7	直径1.5m	m			
405-1-2-8	直径1.6m	m			
405-1-2-9	直径1.7m	m			
405-1-2-10	直径1.8m	m			
405-1-2-11	直径1.9m	m			
405-1-2-12	直径2.0m	m			
405-1-2-13	直径2.1m	m			
405-1-2-14	直径2.2m	m			
405-1-2-15	直径2.3m	m			
405-1-2-16	直径2.4m	m			
405-1-2-17	直径2.5m	m			
405-1-2-18	直径2.6m	m			
405-1-2-19	直径2.7m	m			
405-1-2-20	直径2.8m	m			
405-1-2-21	直径2.9m	m			
405-1-2-22	直径3.0m	m			

续上表

续上表

子目号	子目名称	单位	数量	综合单价	合价
405-2	钻取混凝土芯样检测(暂定工程量)				
405-2-1	直径70mm	m			
405-3	破坏荷载试验用桩(暂定工程量)	m			
405-4	检测管	kg			
406	沉桩				
406-1	钢筋混凝土沉桩				
406-1-1	直径0.8m	m			
406-1-2	直径1.0m	m			
406-1-3	直径1.1m	m			
406-1-4	直径1.2m	m			
406-2	预应力混凝土沉桩				
406-2-1	直径0.8m	m			
406-2-2	直径1.0m	m			
406-2-3	直径1.1m	m			
406-2-4	直径1.2m	m			
406-3	试桩(暂定工程量)				
406-3-1	直径0.8m	m			
406-3-2	直径1.0m	m			
406-3-3	直径1.1m	m			
406-3-4	直径1.2m	m			
406-3-5	直径1.3m	m			
406-3-6	直径1.5m	m			
407	挖孔灌注桩				
407-1	挖孔灌注桩				
407-1-1	直径1.0m	m			
407-1-2	直径1.1m	m			
407-1-3	直径1.2m	m			
407-1-4	直径1.3m	m			
407-1-5	直径1.4m	m			
407-1-6	直径1.5m	m			
407-1-7	直径1.6m	m			
407-1-8	直径1.7m	m			

续上表

子目号	子目名称	单位	数量	综合单价	合价
407-1-9	直径1.8m	m			
407-1-10	直径1.9m	m			
407-1-11	直径2.0m	m			
407-1-12	直径2.1m	m			
407-1-13	直径2.2m	m			
407-1-14	直径2.3m	m			
407-1-15	直径2.4m	m			
407-1-16	直径2.5m	m			
407-1-17	直径2.6m	m			
407-1-18	直径2.7m	m			
407-1-19	直径2.8m	m			
407-1-20	直径2.9m	m			
407-1-21	直径3.0m	m			
407-2	**钻取混凝土芯样,直径70mm(暂定工程量)**	m			
407-3	**破坏荷载试验用桩(暂定工程量)**				
407-3-1	直径1.0m	m			
407-3-2	直径1.1m	m			
407-3-3	直径1.2m	m			
407-3-4	直径1.3m	m			
407-3-5	直径1.4m	m			
407-3-6	直径1.5m	m			
407-4	**检测管**	kg			
408	**桩的垂直静荷载试验**				
408-1	**桩的检验荷载试验(暂定工程量)**				
408-1-1	桩的检验荷载试验(桩径…mm,桩长…m,混凝土强度等级…,荷载…kN)	每一试桩			
408-2	**桩的破坏荷载试验(暂定工程量)**				
408-2-1	桩的破坏荷载试验(桩径…mm,桩长…m,混凝土强度等级…,荷载…kN)	每一试桩			
409	**沉井**				
409-1	**钢筋混凝土沉井**				
409-1-1	井壁混凝土				
409-1-1-1	C20混凝土	m³			

续上表

子目号	子目名称	单位	数量	综合单价	合价
409-1-1-2	C25 混凝土	m³			
409-1-1-3	C30 混凝土	m³			
409-1-2	封底混凝土				
409-1-2-1	C15 混凝土	m³			
409-1-2-2	C20 混凝土	m³			
409-1-2-3	C25 混凝土	m³			
409-1-3	填芯混凝土				
409-1-3-1	C15 混凝土	m³			
409-1-3-2	C20 混凝土	m³			
409-1-3-3	C25 混凝土	m³			
409-1-3-4	C30 混凝土	m³			
409-1-4	顶板混凝土				
409-1-4-1	C20 混凝土	m³			
409-1-4-2	C25 混凝土	m³			
409-1-4-3	C30 混凝土	m³			
410	结构混凝土工程				
410-1	混凝土基础(包括支撑梁、桩基承台,但不包括桩基)				
410-1-1	C15 片石混凝土	m³			
410-1-2	C20 片石混凝土	m³			
410-1-3	C25 片石混凝土	m³			
410-1-4	C15 混凝土	m³			
410-1-5	C20 混凝土	m³			
410-1-6	C25 混凝土	m³			
410-1-7	C30 混凝土	m³			
410-1-8	C40 混凝土	m³			
410-2	混凝土下部结构				
410-2-1	重力式桥台混凝土				
410-2-1-1	C15 片石混凝土	m³			
410-2-1-2	C20 片石混凝土	m³			
410-2-1-3	C25 片石混凝土	m³			
410-2-1-4	C15 混凝土	m³			

续上表

子目号	子目名称	单位	数量	综合单价	合价
410-2-1-5	C20 混凝土	m³			
410-2-1-6	C25 混凝土	m³			
410-2-1-7	C30 混凝土	m³			
410-2-1-8	C35 混凝土	m³			
410-2-1-9	C40 混凝土	m³			
410-2-2	柱式桥台混凝土				
410-2-2-1	C20 混凝土	m³			
410-2-2-2	C25 混凝土	m³			
410-2-2-3	C30 混凝土	m³			
410-2-2-4	C35 混凝土	m³			
410-2-2-5	C40 混凝土	m³			
410-2-3	肋式桥台混凝土				
410-2-3-1	C20 混凝土	m³			
410-2-3-2	C25 混凝土	m³			
410-2-3-3	C30 混凝土	m³			
410-2-3-4	C35 混凝土	m³			
410-2-3-5	C40 混凝土	m³			
410-2-4	轻型桥台混凝土				
410-2-4-1	C20 片石混凝土	m³			
410-2-4-2	C20 混凝土	m³			
410-2-4-3	C25 混凝土	m³			
410-2-4-4	C30 混凝土	m³			
410-2-4-5	C35 混凝土	m³			
410-2-4-6	C40 混凝土	m³			
410-2-5	柱式墩混凝土				
410-2-5-1	C20 混凝土	m³			
410-2-5-2	C25 混凝土	m³			
410-2-5-3	C30 混凝土	m³			
410-2-5-4	C35 混凝土	m³			
410-2-5-5	C40 混凝土	m³			
410-2-6	空心墩混凝土				
410-2-6-1	C25 混凝土	m³			

续上表

子目号	子目名称	单位	数量	综合单价	合价
410-2-6-2	C30 混凝土	m^3			
410-2-6-3	C35 混凝土	m^3			
410-2-6-4	C40 混凝土	m^3			
410-2-6-5	C50 混凝土	m^3			
410-2-7	Y 形墩混凝土				
410-2-7-1	C25 混凝土	m^3			
410-2-7-2	C30 混凝土	m^3			
410-2-7-3	C35 混凝土	m^3			
410-2-7-4	C40 混凝土	m^3			
410-2-7-5	C45 混凝土	m^3			
410-2-7-6	C50 混凝土	m^3			
410-2-8	实体墩混凝土				
410-2-8-1	C25 混凝土	m^3			
410-2-8-2	C30 混凝土	m^3			
410-2-8-3	C35 混凝土	m^3			
410-2-8-4	C40 混凝土	m^3			
410-2-8-5	C45 混凝土	m^3			
410-2-8-6	C50 混凝土	m^3			
410-2-9	盖梁混凝土				
410-2-9-1	C25 混凝土	m^3			
410-2-9-2	C30 混凝土	m^3			
410-2-9-3	C35 混凝土	m^3			
410-2-9-4	C40 混凝土	m^3			
410-2-9-5	C45 混凝土	m^3			
410-2-9-6	C50 混凝土	m^3			
410-2-9-7	C55 混凝土	m^3			
410-2-10	台帽混凝土				
410-2-10-1	C25 混凝土	m^3			
410-2-10-2	C30 混凝土	m^3			
410-2-10-3	C35 混凝土	m^3			
410-2-10-4	C40 混凝土	m^3			
410-2-10-5	C45 混凝土	m^3			

续上表

子目号	子目名称	单位	数量	综合单价	合价
410-2-10-6	C50 混凝土	m³			
410-3	**现浇混凝土上部结构**				
410-3-1	现浇实体板混凝土				
410-3-1-1	C30 混凝土	m³			
410-3-1-2	C35 混凝土	m³			
410-3-1-3	C40 混凝土	m³			
410-3-1-4	C45 混凝土	m³			
410-3-1-5	C50 混凝土	m³			
410-3-2	现浇空心板混凝土				
410-3-2-1	C30 混凝土	m³			
410-3-2-2	C35 混凝土	m³			
410-3-2-3	C40 混凝土	m³			
410-3-2-4	C45 混凝土	m³			
410-3-2-5	C50 混凝土	m³			
410-3-3	现浇连续箱梁混凝土				
410-3-3-1	C30 混凝土	m³			
410-3-3-2	C35 混凝土	m³			
410-3-3-3	C40 混凝土	m³			
410-3-3-4	C45 混凝土	m³			
410-3-3-5	C50 混凝土	m³			
410-3-4	现浇 T 形梁混凝土				
410-3-4-1	C30 混凝土	m³			
410-3-4-2	C35 混凝土	m³			
410-3-4-3	C40 混凝土	m³			
410-3-4-4	C45 混凝土	m³			
410-3-4-5	C50 混凝土	m³			
410-3-5	现浇槽形梁混凝土				
410-3-5-1	C40 混凝土	m³			
410-3-5-2	C45 混凝土	m³			
410-3-5-3	C50 混凝土	m³			
410-3-6	现浇板拱桥拱圈混凝土				
410-3-6-1	C20 混凝土	m³			

续上表

子目号	子目名称	单位	数量	综合单价	合价
410-3-6-2	C25 混凝土	m³			
410-3-6-3	C30 混凝土	m³			
410-3-6-4	C35 混凝土	m³			
410-3-6-5	C40 混凝土	m³			
410-3-6-6	C45 混凝土	m³			
410-3-6-7	C50 混凝土	m³			
410-3-7	现浇肋拱桥拱圈混凝土				
410-3-7-1	C20 混凝土	m³			
410-3-7-2	C25 混凝土	m³			
410-3-7-3	C30 混凝土	m³			
410-3-7-4	C35 混凝土	m³			
410-3-7-5	C40 混凝土	m³			
410-3-7-6	C45 混凝土	m³			
410-3-7-7	C50 混凝土	m³			
410-3-8	现浇拱上建筑混凝土				
410-3-8-1	C25 混凝土	m³			
410-3-8-2	C30 混凝土	m³			
410-3-8-3	C35 混凝土	m³			
410-3-8-4	C40 混凝土	m³			
410-3-8-5	C45 混凝土	m³			
410-3-8-6	C50 混凝土	m³			
410-4	**预制混凝土上部结构**				
410-4-1	预制安装矩形板混凝土				
410-4-1-1	C25 混凝土	m³			
410-4-1-2	C30 混凝土	m³			
410-4-1-3	C35 混凝土	m³			
410-4-1-4	C40 混凝土	m³			
410-4-1-5	C45 混凝土	m³			
410-4-1-6	C50 混凝土	m³			
410-4-2	预制安装空心板混凝土				
410-4-2-1	C25 混凝土	m³			
410-4-2-2	C30 混凝土	m³			

续上表

子目号	子目名称	单位	数量	综合单价	合价
410-4-2-3	C35 混凝土	m³			
410-4-2-4	C40 混凝土	m³			
410-4-2-5	C45 混凝土	m³			
410-4-2-6	C50 混凝土	m³			
410-4-3	预制安装少筋微弯板混凝土				
410-4-3-1	C25 混凝土	m³			
410-4-3-2	C30 混凝土	m³			
410-4-3-3	C35 混凝土	m³			
410-4-3-4	C40 混凝土	m³			
410-4-3-5	C45 混凝土	m³			
410-4-3-6	C50 混凝土	m³			
410-4-4	预制安装 T 形梁混凝土				
410-4-4-1	C25 混凝土	m³			
410-4-4-2	C30 混凝土	m³			
410-4-4-3	C35 混凝土	m³			
410-4-4-4	C40 混凝土	m³			
410-4-4-5	C45 混凝土	m³			
410-4-4-6	C50 混凝土	m³			
410-4-5	预制安装 I 形梁混凝土				
410-4-5-1	C25 混凝土	m³			
410-4-5-2	C30 混凝土	m³			
410-4-5-3	C35 混凝土	m³			
410-4-5-4	C40 混凝土	m³			
410-4-5-5	C45 混凝土	m³			
410-4-5-6	C50 混凝土	m³			
410-4-6	预制安装桁架拱桥桁拱片混凝土				
410-4-6-1	C25 混凝土	m³			
410-4-6-2	C30 混凝土	m³			
410-4-6-3	C35 混凝土	m³			
410-4-6-4	C40 混凝土	m³			
410-4-6-5	C45 混凝土	m³			
410-4-6-6	C50 混凝土	m³			

续上表

子目号	子目名称	单位	数量	综合单价	合价
410-4-7	预制安装桁架拱桥连接构件混凝土				
410-4-7-1	C20 混凝土	m³			
410-4-7-2	C25 混凝土	m³			
410-4-7-3	C30 混凝土	m³			
410-4-7-4	C35 混凝土	m³			
410-4-7-5	C40 混凝土	m³			
410-4-7-6	C45 混凝土	m³			
410-4-7-7	C50 混凝土	m³			
410-4-8	预制安装桁架拱桥微弯板混凝土				
410-4-8-1	C25 混凝土	m³			
410-4-8-2	C30 混凝土	m³			
410-4-8-3	C35 混凝土	m³			
410-4-8-4	C40 混凝土	m³			
410-4-8-5	C45 混凝土	m³			
410-4-8-6	C50 混凝土	m³			
410-4-9	预制安装刚架拱桥刚拱片混凝土				
410-4-9-1	C25 混凝土	m³			
410-4-9-2	C30 混凝土	m³			
410-4-9-3	C35 混凝土	m³			
410-4-9-4	C40 混凝土	m³			
410-4-9-5	C45 混凝土	m³			
410-4-9-6	C50 混凝土	m³			
410-4-10	预制安装刚架拱桥横系梁混凝土				
410-4-10-1	C25 混凝土	m³			
410-4-10-2	C30 混凝土	m³			
410-4-10-3	C35 混凝土	m³			
410-4-10-4	C40 混凝土	m³			
410-4-10-5	C45 混凝土	m³			
410-4-10-6	C50 混凝土	m³			
410-4-11	预制安装刚架拱桥微弯板混凝土				
410-4-11-1	C25 混凝土	m³			
410-4-11-2	C30 混凝土	m³			

续上表

子目号	子目名称	单位	数量	综合单价	合价
410-4-11-3	C35 混凝土	m³			
410-4-11-4	C40 混凝土	m³			
410-4-11-5	C45 混凝土	m³			
410-4-11-6	C50 混凝土	m³			
410-4-12	预制安装箱形拱桥主拱圈混凝土				
410-4-12-1	C25 混凝土	m³			
410-4-12-2	C30 混凝土	m³			
410-4-12-3	C35 混凝土	m³			
410-4-12-4	C40 混凝土	m³			
410-4-12-5	C45 混凝土	m³			
410-4-12-6	C50 混凝土	m³			
410-4-13	预制安装箱形拱桥立柱盖梁混凝土				
410-4-13-1	C20 混凝土	m³			
410-4-13-2	C25 混凝土	m³			
410-4-13-3	C30 混凝土	m³			
410-4-13-4	C35 混凝土	m³			
410-4-13-5	C40 混凝土	m³			
410-4-13-6	C45 混凝土	m³			
410-4-13-7	C50 混凝土	m³			
410-5	**上部结构现浇整体化混凝土(含横隔板、绞缝、接缝等)**				
410-5-1	现浇矩形板接缝混凝土				
410-5-1-1	C35 混凝土	m³			
410-5-1-2	C40 混凝土	m³			
410-5-1-3	C45 混凝土	m³			
410-5-1-4	C50 混凝土	m³			
410-5-2	现浇空心板接缝混凝土				
410-5-2-1	C35 混凝土	m³			
410-5-2-2	C40 混凝土	m³			
410-5-2-3	C45 混凝土	m³			
410-5-2-4	C50 混凝土	m³			
410-5-3	现浇 T 形梁接缝混凝土				
410-5-3-1	C35 混凝土	m³			

续上表

子目号	子目名称	单位	数量	综合单价	合价
410-5-3-2	C40 混凝土	m³			
410-5-3-3	C45 混凝土	m³			
410-5-3-4	C50 混凝土	m³			
410-5-3-5	C55 混凝土	m³			
410-5-4	现浇I形梁接缝及桥面板混凝土				
410-5-4-1	C35 混凝土	m³			
410-5-4-2	C40 混凝土	m³			
410-5-4-3	C45 混凝土	m³			
410-5-4-4	C50 混凝土	m³			
410-5-5	现浇箱梁接缝混凝土				
410-5-5-1	C35 混凝土	m³			
410-5-5-2	C40 混凝土	m³			
410-5-5-3	C45 混凝土	m³			
410-5-5-4	C50 混凝土	m³			
410-5-6	现浇箱形拱桥接缝混凝土				
410-5-6-1	C35 混凝土	m³			
410-5-6-2	C40 混凝土	m³			
410-5-6-3	C45 混凝土	m³			
410-5-6-4	C50 混凝土	m³			
410-5-7	现浇桁架拱桥接头混凝土				
410-5-7-1	C35 混凝土	m³			
410-5-7-2	C40 混凝土	m³			
410-5-7-3	C45 混凝土	m³			
410-5-7-4	C50 混凝土	m³			
410-5-8	现浇刚架拱桥接头混凝土				
410-5-8-1	C40 混凝土	m³			
410-5-8-2	C45 混凝土	m³			
410-5-8-3	C50 混凝土	m³			
410-5-9	现浇桁架梁接头混凝土				
410-5-9-1	C25 混凝土	m³			
410-5-9-2	C30 混凝土	m³			
410-5-9-3	C35 混凝土	m³			

续上表

子目号	子目名称	单位	数量	综合单价	合价
410-5-9-4	C40 混凝土	m³			
410-5-9-5	C45 混凝土	m³			
410-5-9-6	C50 混凝土	m³			
410-6	**现浇混凝土附属结构**				
410-6-1	现浇桥面防护墙、路缘带混凝土				
410-6-1-1	C25 片石混凝土	m³			
410-6-1-2	C20 混凝土	m³			
410-6-1-3	C25 混凝土	m³			
410-6-1-4	C30 混凝土	m³			
410-6-1-5	C35 混凝土	m³			
410-6-2	现浇桥头搭板及枕梁混凝土				
410-6-2-1	C20 混凝土	m³			
410-6-2-2	C25 混凝土	m³			
410-6-2-3	C30 混凝土	m³			
410-6-2-4	C35 混凝土	m³			
410-7	**预制混凝土附属结构**				
410-7-1	预制安装人行道构件混凝土				
410-7-1-1	C20 混凝土	m³			
410-7-1-2	C25 混凝土	m³			
410-7-1-3	C30 混凝土	m³			
410-7-1-4	C35 混凝土	m³			
410-7-2	预制安装桥梁缘(帽)石混凝土				
410-7-2-1	C15 混凝土	m³			
410-7-2-2	C20 混凝土	m³			
410-7-2-3	C25 混凝土	m³			
410-7-2-4	C30 混凝土	m³			
410-7-2-5	C35 混凝土	m³			
410-7-3	预制安装桥梁栏杆柱及栏杆扶手混凝土				
410-7-3-1	C15 混凝土	m³			
410-7-3-2	C20 混凝土	m³			
410-7-3-3	C25 混凝土	m³			
410-7-3-4	C30 混凝土	m³			

续上表

子目号	子目名称	单位	数量	综合单价	合价
410-7-3-5	C35 混凝土	m³			
410-7-4	预制安装桥梁石质栏杆	m³			
411	预应力混凝土工程				
411-1	先张法预应力钢丝	kg			
411-2	先张法预应力钢绞线	kg			
411-3	先张法预应力钢筋	kg			
411-4	后张法预应力钢丝	kg			
411-5	后张法预应力钢绞线	kg			
411-6	后张法预应力钢筋	kg			
411-7	现浇预应力混凝土上部结构				
411-7-1	现浇箱梁预应力混凝土				
411-7-1-1	C30 混凝土	m³			
411-7-1-2	C35 混凝土	m³			
411-7-1-3	C40 混凝土	m³			
411-7-1-4	C45 混凝土	m³			
411-7-1-5	C50 混凝土	m³			
411-7-2	悬浇箱梁 0 号块(含 T 形刚构、连续梁、斜拉桥、连续刚构)预应力混凝土				
411-7-2-1	C30 混凝土	m³			
411-7-2-2	C35 混凝土	m³			
411-7-2-3	C40 混凝土	m³			
411-7-2-4	C45 混凝土	m³			
411-7-2-5	C50 混凝土	m³			
411-7-2-6	C55 混凝土	m³			
411-7-3	悬浇箱梁悬浇段(含 T 形刚构、连续梁、斜拉桥、连续刚构)预应力混凝土				
411-7-3-1	C30 混凝土	m³			
411-7-3-2	C35 混凝土	m³			
411-7-3-3	C40 混凝土	m³			
411-7-3-4	C45 混凝土	m³			
411-7-3-5	C50 混凝土	m³			
411-7-3-6	C55 混凝土	m³			
411-8	预制预应力混凝土上部结构				

续上表

子目号	子目名称	单位	数量	综合单价	合价
411-8-1	预制安装空心板预应力混凝土				
411-8-1-1	C35 混凝土	m³			
411-8-1-2	C40 混凝土	m³			
411-8-1-3	C45 混凝土	m³			
411-8-1-4	C50 混凝土	m³			
411-8-2	预制安装 T 形梁预应力混凝土				
411-8-2-1	C35 混凝土	m³			
411-8-2-2	C40 混凝土	m³			
411-8-2-3	C45 混凝土	m³			
411-8-2-4	C50 混凝土	m³			
411-8-2-5	C55 混凝土	m³			
411-8-3	预制安装 I 形梁预应力混凝土				
411-8-3-1	C35 混凝土	m³			
411-8-3-2	C40 混凝土	m³			
411-8-3-3	C45 混凝土	m³			
411-8-3-4	C50 混凝土	m³			
411-8-4	预制安装组合箱梁预应力混凝土				
411-8-4-1	C35 混凝土	m³			
411-8-4-2	C40 混凝土	m³			
411-8-4-3	C45 混凝土	m³			
411-8-4-4	C50 混凝土	m³			
411-8-5	预制安装组合箱梁空心板(主梁后张法)预应力混凝土				
411-8-5-1	C35 混凝土	m³			
411-8-5-2	C40 混凝土	m³			
411-8-5-3	C45 混凝土	m³			
411-8-5-4	C50 混凝土	m³			
411-8-6	预制安装等截面箱梁预应力混凝土				
411-8-6-1	C40 混凝土	m³			
411-8-6-2	C45 混凝土	m³			
411-8-6-3	C50 混凝土	m³			
411-8-7	预制悬拼箱梁(含连续梁、T构、斜拉桥箱梁)预应力混凝土				

续上表

子目号	子目名称	单位	数量	综合单价	合价
411-8-7-1	C40 混凝土	m³			
411-8-7-2	C45 混凝土	m³			
411-8-7-3	C50 混凝土	m³			
411-8-8	预制悬拼桁架梁桁架预应力混凝土				
411-8-8-1	C35 混凝土	m³			
411-8-8-2	C40 混凝土	m³			
411-8-8-3	C45 混凝土	m³			
411-8-8-4	C50 混凝土	m³			
411-8-9	预制悬拼桁架梁桥面板预应力混凝土				
411-8-9-1	C35 混凝土	m³			
411-8-9-2	C40 混凝土	m³			
411-8-9-3	C45 混凝土	m³			
411-8-9-4	C50 混凝土	m³			
411-8-10	预制顶推连续梁预应力混凝土				
411-8-10-1	C40 混凝土	m³			
411-8-10-2	C45 混凝土	m³			
411-8-10-3	C50 混凝土	m³			
412	**预制构件和安装**				
413	**砌石工程**				
413-1	**浆砌片石**				
413-1-1	M5 浆砌片石	m³			
413-1-2	M7.5 浆砌片石	m³			
413-1-3	M10 浆砌片石	m³			
413-2	**浆砌块石**				
413-2-1	M5 浆砌块石	m³			
413-2-2	M7.5 浆砌块石	m³			
413-2-3	M10 浆砌块石	m³			
413-3	**浆砌料石**				
413-3-1	M5 浆砌料石	m³			
413-3-2	M7.5 浆砌料石	m³			
413-3-3	M10 浆砌料石	m³			
413-4	**浆砌预制混凝土块**				

续上表

子目号	子目名称	单位	数量	综合单价	合价
413-4-1	M5 浆砌预制混凝土块	m³			
413-4-2	M7.5 浆砌预制混凝土块	m³			
413-4-3	M10 浆砌预制混凝土块	m³			
414	小型钢构件				
415	桥面铺装				
415-1	沥青混凝土桥面铺装	m³			
415-2	水泥混凝土桥面铺装				
415-2-1	C25 混凝土	m³			
415-2-2	C30 混凝土	m³			
415-2-3	C35 混凝土	m³			
415-2-4	C40 混凝土	m³			
415-2-5	C45 混凝土	m³			
415-2-6	C50 混凝土	m³			
415-2-7	C55 混凝土	m³			
415-2-8	C60 混凝土	m³			
415-3	防水层				
415-3-1	桥面混凝土表面处理	m²			
415-3-2	铺设防水层				
415-3-2-1	防水卷材	m²			
415-3-2-2	防水涂料	m²			
415-3-2-3	溶剂型防水黏结剂	m²			
415-4	桥面排水				
415-4-1	泄水孔				
415-4-1-1	铸铁管	kg			
415-4-1-2	钢管	kg			
415-4-1-3	DN50mm PVC-U 管	m			
415-4-1-4	DN75mm PVC-U 管	m			
415-4-1-5	DN90mm PVC-U 管	m			
415-4-1-6	DN110mm PVC-U 管	m			
415-4-1-7	DN125mm PVC-U 管	m			
415-4-1-8	DN160mm PVC-U 管	m			
415-4-1-9	DN200mm PVC-U 管	m			

续上表

子目号	子目名称	单位	数量	综合单价	合价
415-4-1-10	DN250mm PVC-U 管	m			
415-4-1-11	DN300mm PVC-U 管	m			
415-4-2	竖、横向排水管				
415-4-2-1	铸铁管	kg			
415-4-2-2	钢管	kg			
415-4-2-3	DN50mm PVC-U 管	m			
415-4-2-4	DN75mm PVC-U 管	m			
415-4-2-5	DN90mm PVC-U 管	m			
415-4-2-6	DN110mm PVC-U 管	m			
415-4-2-7	DN125mm PVC-U 管	m			
415-4-2-8	DN150mm PVC-U 管	m			
415-4-2-9	DN160mm PVC-U 管	m			
415-4-2-10	DN200mm PVC-U 管	m			
415-4-2-11	DN250mm PVC-U 管	m			
415-4-2-12	DN300mm PVC-U 管	m			
415-4-3	纵向渗沟				
415-4-3-1	玻纤格栅	m^2			
415-4-3-2	碎石盲沟	m			
416	**桥梁支座**				
416-1	**普通钢支座**				
416-1-1	切线钢支座	kg			
416-1-2	辊轴钢支座	kg			
416-2	**板式橡胶支座**				
416-2-1	普通板式橡胶支座	dm^3			
416-2-2	四氟滑板式橡胶组合支座	dm^3			
416-2-3	球形板式橡胶支座	dm^3			
416-3	**钢盆式橡胶支座**				
416-3-1	GPZ(Ⅱ)固定(GD)支座				
416-3-1-1	支座反力 2500kN	个			
416-3-1-2	支座反力 3000kN	个			
416-3-1-3	支座反力 4000kN	个			
416-3-1-4	支座反力 5000kN	个			

续上表

子目号	子目名称	单位	数量	综合单价	合价
416-3-1-5	支座反力6000kN	个			
416-3-1-6	支座反力7000kN	个			
416-3-1-7	支座反力8000kN	个			
416-3-1-8	支座反力9000kN	个			
416-3-1-9	支座反力10000kN	个			
416-3-1-10	支座反力15000kN	个			
416-3-1-11	支座反力20000kN	个			
416-3-1-12	支座反力25000kN	个			
416-3-1-13	支座反力30000kN	个			
416-3-1-14	支座反力35000kN	个			
416-3-1-15	支座反力40000kN	个			
416-3-1-16	支座反力45000kN	个			
416-3-1-17	支座反力50000kN	个			
416-3-1-18	支座反力55000kN	个			
416-3-1-19	支座反力60000kN	个			
416-3-2	GPZ(Ⅱ)单向活动(DX)支座				
416-3-2-1	支座反力1500kN	个			
416-3-2-2	支座反力2000kN	个			
416-3-2-3	支座反力2500kN	个			
416-3-2-4	支座反力3000kN	个			
416-3-2-5	支座反力3500kN	个			
416-3-2-6	支座反力4000kN	个			
416-3-2-7	支座反力5000kN	个			
416-3-2-8	支座反力6000kN	个			
416-3-2-9	支座反力7000kN	个			
416-3-2-10	支座反力8000kN	个			
416-3-2-11	支座反力9000kN	个			
416-3-2-12	支座反力10000kN	个			
416-3-2-13	支座反力15000kN	个			
416-3-2-14	支座反力20000kN	个			
416-3-2-15	支座反力25000kN	个			
416-3-2-16	支座反力30000kN	个			

续上表

续上表

子目号	子目名称	单位	数量	综合单价	合价
416-3-2-17	支座反力35000kN	个			
416-3-2-18	支座反力40000kN	个			
416-3-2-19	支座反力45000kN	个			
416-3-2-20	支座反力50000kN	个			
416-3-2-21	支座反力55000kN	个			
416-3-2-22	支座反力60000kN	个			
416-3-3	GPZ(Ⅱ)双向活动(SX)支座				
416-3-3-1	支座反力1500kN	个			
416-3-3-2	支座反力2000kN	个			
416-3-3-3	支座反力2500kN	个			
416-3-3-4	支座反力3000kN	个			
416-3-3-5	支座反力3500kN	个			
416-3-3-6	支座反力4000kN	个			
416-3-3-7	支座反力5000kN	个			
416-3-3-8	支座反力6000kN	个			
416-3-3-9	支座反力7000kN	个			
416-3-3-10	支座反力8000kN	个			
416-3-3-11	支座反力9000kN	个			
416-3-3-12	支座反力10000kN	个			
416-3-3-13	支座反力15000kN	个			
416-3-3-14	支座反力20000kN	个			
416-3-3-15	支座反力25000kN	个			
416-3-3-16	支座反力30000kN	个			
416-3-3-17	支座反力35000kN	个			
416-3-3-18	支座反力40000kN	个			
416-3-3-19	支座反力45000kN	个			
416-3-3-20	支座反力50000kN	个			
416-3-3-21	支座反力55000kN	个			
416-3-3-22	支座反力60000kN	个			
416-3-4	TPZ固定(GD)支座				
416-3-4-1	支座反力3000kN	个			
416-3-4-2	支座反力4000kN	个			

续上表

子目号	子目名称	单位	数量	综合单价	合价
416-3-4-3	支座反力 5000kN	个			
416-3-4-4	支座反力 7000kN	个			
416-3-4-5	支座反力 10000kN	个			
416-3-4-6	支座反力 15000kN	个			
416-3-4-7	支座反力 20000kN	个			
416-3-4-8	支座反力 25000kN	个			
416-3-4-9	支座反力 30000kN	个			
416-3-4-10	支座反力 35000kN	个			
416-3-4-11	支座反力 40000kN	个			
416-3-4-12	支座反力 45000kN	个			
416-3-4-13	支座反力 50000kN	个			
416-3-5	TPZ 纵向活动(ZX)支座				
416-3-5-1	支座反力 3000kN	个			
416-3-5-2	支座反力 4000kN	个			
416-3-5-3	支座反力 5000kN	个			
416-3-5-4	支座反力 7000kN	个			
416-3-5-5	支座反力 10000kN	个			
416-3-5-6	支座反力 15000kN	个			
416-3-5-7	支座反力 20000kN	个			
416-3-5-8	支座反力 25000kN	个			
416-3-5-9	支座反力 30000kN	个			
416-3-5-10	支座反力 35000kN	个			
416-3-5-11	支座反力 40000kN	个			
416-3-5-12	支座反力 45000kN	个			
416-3-5-13	支座反力 50000kN	个			
416-3-6	TPZ 多向活动(DX)支座				
416-3-6-1	支座反力 3000kN	个			
416-3-6-2	支座反力 4000kN	个			
416-3-6-3	支座反力 5000kN	个			
416-3-6-4	支座反力 7000kN	个			
416-3-6-5	支座反力 10000kN	个			
416-3-6-6	支座反力 15000kN	个			

续上表

续上表

子目号	子目名称	单位	数量	综合单价	合价
416-3-6-7	支座反力 20000kN	个			
416-3-6-8	支座反力 25000kN	个			
416-3-6-9	支座反力 30000kN	个			
416-3-6-10	支座反力 35000kN	个			
416-3-6-11	支座反力 40000kN	个			
416-3-6-12	支座反力 45000kN	个			
416-3-6-13	支座反力 50000kN	个			
416-3-7	QPZ固定(GD)支座				
416-3-7-1	支座反力 3000kN	个			
416-3-7-2	支座反力 4000kN	个			
416-3-7-3	支座反力 5000kN	个			
416-3-7-4	支座反力 7000kN	个			
416-3-7-5	支座反力 10000kN	个			
416-3-7-6	支座反力 15000kN	个			
416-3-7-7	支座反力 20000kN	个			
416-3-7-8	支座反力 25000kN	个			
416-3-7-9	支座反力 30000kN	个			
416-3-7-10	支座反力 35000kN	个			
416-3-7-11	支座反力 40000kN	个			
416-3-7-12	支座反力 45000kN	个			
416-3-7-13	支座反力 50000kN	个			
416-3-8	QPZ纵向活动(ZX)支座				
416-3-8-1	支座反力 3000kN	个			
416-3-8-2	支座反力 4000kN	个			
416-3-8-3	支座反力 5000kN	个			
416-3-8-4	支座反力 7000kN	个			
416-3-8-5	支座反力 10000kN	个			
416-3-8-6	支座反力 15000kN	个			
416-3-8-7	支座反力 20000kN	个			
416-3-8-8	支座反力 25000kN	个			
416-3-8-9	支座反力 30000kN	个			
416-3-8-10	支座反力 35000kN	个			

续上表

子目号	子目名称	单位	数量	综合单价	合价
416-3-8-11	支座反力 40000kN	个			
416-3-8-12	支座反力 45000kN	个			
416-3-8-13	支座反力 50000kN	个			
416-3-9	QPZ 多向活动(DX)支座				
416-3-9-1	支座反力 3000kN	个			
416-3-9-2	支座反力 4000kN	个			
416-3-9-3	支座反力 5000kN	个			
416-3-9-4	支座反力 7000kN	个			
416-3-9-5	支座反力 10000kN	个			
416-3-9-6	支座反力 15000kN	个			
416-3-9-7	支座反力 20000kN	个			
416-3-9-8	支座反力 25000kN	个			
416-3-9-9	支座反力 30000kN	个			
416-3-9-10	支座反力 35000kN	个			
416-3-9-11	支座反力 40000kN	个			
416-3-9-12	支座反力 45000kN	个			
416-3-9-13	支座反力 50000kN	个			
416-3-10	GQPZ 固定(GD)支座				
416-3-10-1	支座反力 3000kN	个			
416-3-10-2	支座反力 4000kN	个			
416-3-10-3	支座反力 5000kN	个			
416-3-10-4	支座反力 7000kN	个			
416-3-10-5	支座反力 10000kN	个			
416-3-11	GQPZ 纵向活动(ZX)支座				
416-3-11-1	支座反力 3000kN	个			
416-3-11-2	支座反力 4000kN	个			
416-3-11-3	支座反力 5000kN	个			
416-3-11-4	支座反力 7000kN	个			
416-3-11-5	支座反力 10000kN	个			
416-3-12	GQPZ 多向活动(DX)支座				
416-3-12-1	支座反力 3000kN	个			
416-3-12-2	支座反力 4000kN	个			

续上表

子目号	子目名称	单位	数量	综合单价	合价
416-3-12-3	支座反力 5000kN	个			
416-3-12-4	支座反力 7000kN	个			
416-3-12-5	支座反力 10000kN	个			
416-3-13	GPZ(Ⅲ)减震盆式固定(GD)支座				
416-3-13-1	支座反力 3000kN	个			
416-3-13-2	支座反力 4000kN	个			
416-3-13-3	支座反力 5000kN	个			
416-3-13-4	支座反力 7000kN	个			
416-3-13-5	支座反力 10000kN	个			
416-3-13-6	支座反力 15000kN	个			
416-3-13-7	支座反力 20000kN	个			
416-3-13-8	支座反力 25000kN	个			
416-3-13-9	支座反力 30000kN	个			
416-3-13-10	支座反力 35000kN	个			
416-3-13-11	支座反力 40000kN	个			
416-3-13-12	支座反力 45000kN	个			
416-3-13-13	支座反力 50000kN	个			
416-3-13-14	支座反力 55000kN	个			
416-3-13-15	支座反力 60000kN	个			
416-3-14	GPZ(Ⅲ)减震盆式单向活动(DX)支座				
416-3-14-1	支座反力 3000kN	个			
416-3-14-2	支座反力 4000kN	个			
416-3-14-3	支座反力 5000kN	个			
416-3-14-4	支座反力 7000kN	个			
416-3-14-5	支座反力 10000kN	个			
416-3-14-6	支座反力 15000kN	个			
416-3-14-7	支座反力 20000kN	个			
416-3-14-8	支座反力 25000kN	个			
416-3-14-9	支座反力 30000kN	个			
416-3-14-10	支座反力 35000kN	个			
416-3-14-11	支座反力 40000kN	个			
416-3-14-12	支座反力 45000kN	个			

续上表

子目号	子目名称	单位	数量	综合单价	合价
416-3-14-13	支座反力50000kN	个			
416-3-14-14	支座反力55000kN	个			
416-3-14-15	支座反力60000kN	个			
416-3-15	GPZ(KZ)固定(GD)支座				
416-3-15-1	支座反力6000kN	个			
416-3-15-2	支座反力7000kN	个			
416-3-16	GPZ(KZ)单向活动(DX)支座				
416-3-16-1	支座反力2500kN	个			
416-3-16-2	支座反力3500kN	个			
416-3-16-3	支座反力6000kN	个			
416-3-16-4	支座反力7000kN	个			
416-3-17	GPZ(KZ)双向活动(SX)支座				
416-3-17-1	支座反力2500kN	个			
416-3-17-2	支座反力3500kN	个			
416-3-17-3	支座反力6000kN	个			
416-3-17-4	支座反力7000kN	个			
416-4	**球型钢支座**				
416-4-1	QZ球型固定(GD)钢支座				
416-4-1-1	支座反力3000kN	个			
416-4-1-2	支座反力4000kN	个			
416-4-1-3	支座反力5000kN	个			
416-4-1-4	支座反力7000kN	个			
416-4-1-5	支座反力10000kN	个			
416-4-1-6	支座反力15000kN	个			
416-4-1-7	支座反力20000kN	个			
416-4-2	QZ球型纵向活动(ZX)钢支座				
416-4-2-1	支座反力3000kN	个			
416-4-2-2	支座反力4000kN	个			
416-4-2-3	支座反力5000kN	个			
416-4-2-4	支座反力7000kN	个			
416-4-2-5	支座反力10000kN	个			
416-4-2-6	支座反力15000kN	个			

续上表

子目号	子目名称	单位	数量	综合单价	合价

续上表

子目号	子目名称	单位	数量	综合单价	合价
416-4-2-7	支座反力20000kN	个			
416-4-3	QZ球型多向活动(DX)钢支座				
416-4-3-1	支座反力3000kN	个			
416-4-3-2	支座反力4000kN	个			
416-4-3-3	支座反力5000kN	个			
416-4-3-4	支座反力7000kN	个			
416-4-3-5	支座反力10000kN	个			
416-4-3-6	支座反力15000kN	个			
416-4-3-7	支座反力20000kN	个			
416-4-4	KQGZ抗震球型固定(GD)支座				
416-4-4-1	支座反力3000kN	个			
416-4-4-2	支座反力4000kN	个			
416-4-4-3	支座反力5000kN	个			
416-4-4-4	支座反力7000kN	个			
416-4-4-5	支座反力10000kN	个			
416-4-4-6	支座反力15000kN	个			
416-4-4-7	支座反力20000kN	个			
416-4-4-8	支座反力25000kN	个			
416-4-4-9	支座反力30000kN	个			
416-4-4-10	支座反力35000kN	个			
416-4-4-11	支座反力40000kN	个			
416-4-4-12	支座反力45000kN	个			
416-4-4-13	支座反力50000kN	个			
416-4-4-14	支座反力55000kN	个			
416-4-4-15	支座反力60000kN	个			
416-4-5	KQGZ抗震球型纵向活动(ZX)支座				
416-4-5-1	支座反力3000kN	个			
416-4-5-2	支座反力4000kN	个			
416-4-5-3	支座反力5000kN	个			
416-4-5-4	支座反力7000kN	个			
416-4-5-5	支座反力10000kN	个			
416-4-5-6	支座反力15000kN	个			

续上表

子目号	子目名称	单位	数量	综合单价	合价
416-4-5-7	支座反力20000kN	个			
416-4-5-8	支座反力25000kN	个			
416-4-5-9	支座反力30000kN	个			
416-4-5-10	支座反力35000kN	个			
416-4-5-11	支座反力40000kN	个			
416-4-5-12	支座反力45000kN	个			
416-4-5-13	支座反力50000kN	个			
416-4-5-14	支座反力55000kN	个			
416-4-5-15	支座反力60000kN	个			
416-4-6	DHQZ减抗震球型固定(GD)钢支座				
416-4-6-1	支座反力3000kN	个			
416-4-6-2	支座反力4000kN	个			
416-4-6-3	支座反力5000kN	个			
416-4-6-4	支座反力7000kN	个			
416-4-6-5	支座反力10000kN	个			
416-4-6-6	支座反力15000kN	个			
416-4-6-7	支座反力20000kN	个			
416-4-6-8	支座反力25000kN	个			
416-4-6-9	支座反力30000kN	个			
416-4-6-10	支座反力35000kN	个			
416-4-6-11	支座反力40000kN	个			
416-4-6-12	支座反力45000kN	个			
416-4-6-13	支座反力50000kN	个			
416-4-6-14	支座反力55000kN	个			
416-4-6-15	支座反力60000kN	个			
416-4-7	DHQZ减抗震球型纵向位移(ZX)钢支座				
416-4-7-1	支座反力3000kN	个			
416-4-7-2	支座反力4000kN	个			
416-4-7-3	支座反力5000kN	个			
416-4-7-4	支座反力7000kN	个			
416-4-7-5	支座反力10000kN	个			
416-4-7-6	支座反力15000kN	个			

续上表

子目号	子目名称	单位	数量	综合单价	合价
416-4-7-7	支座反力 20000kN	个			
416-4-7-8	支座反力 25000kN	个			
416-4-7-9	支座反力 30000kN	个			
416-4-7-10	支座反力 35000kN	个			
416-4-7-11	支座反力 40000kN	个			
416-4-7-12	支座反力 45000kN	个			
416-4-7-13	支座反力 50000kN	个			
416-4-7-14	支座反力 55000kN	个			
416-4-7-15	支座反力 60000kN	个			
416-4-8	JKQZ球型—铅芯阻尼固定(GD)钢支座				
416-4-8-1	支座反力 3000kN	个			
416-4-8-2	支座反力 4000kN	个			
416-4-8-3	支座反力 5000kN	个			
416-4-8-4	支座反力 7000kN	个			
416-4-8-5	支座反力 10000kN	个			
416-4-8-6	支座反力 15000kN	个			
416-4-8-7	支座反力 20000kN	个			
416-4-8-8	支座反力 25000kN	个			
416-4-8-9	支座反力 30000kN	个			
416-4-8-10	支座反力 35000kN	个			
416-4-8-11	支座反力 40000kN	个			
416-4-8-12	支座反力 45000kN	个			
416-4-8-13	支座反力 50000kN	个			
416-4-8-14	支座反力 55000kN	个			
416-4-8-15	支座反力 60000kN	个			
416-4-9	JKQZ球型—铅芯阻尼纵向位移(ZX)钢支座				
416-4-9-1	支座反力 3000kN	个			
416-4-9-2	支座反力 4000kN	个			
416-4-9-3	支座反力 5000kN	个			
416-4-9-4	支座反力 7000kN	个			
416-4-9-5	支座反力 10000kN	个			
416-4-9-6	支座反力 15000kN	个			

续上表

子目号	子目名称	单位	数量	综合单价	合价
416-4-9-7	支座反力 20000kN	个			
416-4-9-8	支座反力 25000kN	个			
416-4-9-9	支座反力 30000kN	个			
416-4-9-10	支座反力 35000kN	个			
416-4-9-11	支座反力 40000kN	个			
416-4-9-12	支座反力 45000kN	个			
416-4-9-13	支座反力 50000kN	个			
416-4-9-14	支座反力 55000kN	个			
416-4-9-15	支座反力 60000kN	个			
416-5	**STU 支座**	个			
416-6	**抗风支座**				
416-6-1	支座反力 50000kN	个			
416-6-2	支座反力 55000kN	个			
416-6-3	支座反力 60000kN	个			
417	**桥梁接缝和伸缩装置**				
417-1	**模数式伸缩装置**				
417-1-1	伸缩量 40mm	m			
417-1-2	伸缩量 60mm	m			
417-1-3	伸缩量 80mm	m			
417-1-4	伸缩量 120mm	m			
417-1-5	伸缩量 160mm	m			
417-1-6	伸缩量 240mm	m			
417-1-7	伸缩量 320mm	m			
417-2	**填充式材料伸缩装置**				
417-2-1	聚合物混凝土伸缩装置(单缝)	m			
417-2-2	弹塑体伸缩装置(无缝伸缩缝)	m			
417-3	**梳齿板式伸缩装置(单缝)**				
417-3-1	伸缩量 40mm	m			
417-3-2	伸缩量 60mm	m			
417-3-3	伸缩量 80mm	m			
417-3-4	伸缩量 120mm	m			
417-3-5	伸缩量 160mm	m			

续上表

子目号	子目名称	单位	数量	综合单价	合价
417-3-6	伸缩量240mm	m			
417-3-7	伸缩量320mm	m			
417-4	板式橡胶伸缩装置				
417-4-1	伸缩量40mm	m			
417-4-2	伸缩量60mm	m			
417-4-3	伸缩量80mm	m			
417-5	钢板伸缩装置	m			
417-6	橡胶条伸缩缝	m			
417-7	镀锌铁皮沥青麻絮伸缩装置				
417-7-1	梁板桥	m			
417-7-2	拱桥	m			
418	防水处理				
419	圆管涵及倒虹吸管涵				
419-1	单孔钢筋混凝土圆管涵				
419-1-1	内径0.5m	m			
419-1-2	内径0.6m	m			
419-1-3	内径0.75m	m			
419-1-4	内径1.0m	m			
419-1-5	内径1.25m	m			
419-1-6	内径1.5m	m			
419-1-7	内径2.0m	m			
419-2	双孔钢筋混凝土圆管涵				
419-2-1	内径0.5m	m			
419-2-2	内径0.75m	m			
419-2-3	内径1.0m	m			
419-2-4	内径1.25m	m			
419-2-5	内径1.5m	m			
419-3	钢筋混凝土圆管倒虹吸管涵				
419-3-1	单孔				
419-3-1-1	内径0.5m	m			
419-3-1-2	内径0.75m	m			
419-3-1-3	内径1.0m	m			

续上表

子目号	子目名称	单位	数量	综合单价	合价
419-3-1-4	内径1.25m	m			
419-3-1-5	内径1.5m	m			
419-3-2	单孔				
419-3-2-1	内径0.5m	m			
419-3-2-2	内径0.75m	m			
419-3-2-3	内径1.0m	m			
419-3-2-4	内径1.25m	m			
419-3-2-5	内径1.5m	m			
420	盖板涵、箱涵				
420-1	基础挖方				
420-1-1	挖土方	m³			
420-1-2	挖石方	m³			
420-2	圬工				
420-2-1	砌石基础				
420-2-1-1	M5浆砌片石	m³			
420-2-1-2	M7.5浆砌片石	m³			
420-2-1-3	M10浆砌片石	m³			
420-2-2	现浇基础混凝土				
420-2-2-1	C15片石混凝土	m³			
420-2-2-2	C20片石混凝土	m³			
420-2-2-3	C25片石混凝土	m³			
420-2-2-4	C10混凝土	m³			
420-2-2-5	C15混凝土	m³			
420-2-2-6	C20混凝土	m³			
420-2-2-7	C25混凝土	m³			
420-2-2-8	C30混凝土	m³			
420-2-3	砌石涵台身				
420-2-3-1	M5浆砌片(块)石	m³			
420-2-3-2	M7.5浆砌片(块)石	m³			
420-2-3-3	M10浆砌片(块)石	m³			
420-2-4	现浇涵台身混凝土				
420-2-4-1	C15片石混凝土	m³			

续上表

子目号	子目名称	单位	数量	综合单价	合价
420-2-4-2	C20 片石混凝土	m³			
420-2-4-3	C25 片石混凝土	m³			
420-2-4-4	C15 混凝土	m³			
420-2-4-5	C20 混凝土	m³			
420-2-4-6	C25 混凝土	m³			
420-2-4-7	C30 混凝土	m³			
420-2-4-8	C35 混凝土	m³			
420-2-4-9	C40 混凝土	m³			
420-2-5	现浇帽石混凝土				
420-2-5-1	C20 混凝土	m³			
420-2-5-2	C25 混凝土	m³			
420-2-5-3	C30 混凝土	m³			
420-2-5-4	C35 混凝土	m³			
420-2-5-5	C40 混凝土	m³			
420-2-6	现浇盖板、箱涵顶板混凝土				
420-2-6-1	C20 混凝土	m³			
420-2-6-2	C25 混凝土	m³			
420-2-6-3	C30 混凝土	m³			
420-2-6-4	C35 混凝土	m³			
420-2-6-5	C40 混凝土	m³			
420-2-7	预制安装盖板混凝土				
420-2-7-1	C20 混凝土	m³			
420-2-7-2	C25 混凝土	m³			
420-2-7-3	C30 混凝土	m³			
420-2-7-4	C35 混凝土	m³			
420-2-7-5	C40 混凝土	m³			
420-2-8	涵底片石铺砌				
420-2-8-1	M5 浆砌片石	m³			
420-2-8-2	M7.5 浆砌片石	m³			
420-2-8-3	M10 浆砌片石	m³			
420-2-9	现浇涵底混凝土				
420-2-9-1	C10 片石混凝土	m³			

续上表

子目号	子目名称	单位	数量	综合单价	合价
420-2-9-2	C15 片石混凝土	m³			
420-2-9-3	C20 片石混凝土	m³			
420-2-9-4	C25 片石混凝土	m³			
420-2-9-5	C10 混凝土	m³			
420-2-9-6	C15 混凝土	m³			
420-2-9-7	C20 混凝土	m³			
420-2-9-8	C25 混凝土	m³			
420-2-9-9	C30 混凝土	m³			
420-2-10	涵底铺砌混凝土块				
420-2-10-1	C20 混凝土	m³			
420-2-10-2	C25 混凝土	m³			
420-2-10-3	C30 混凝土	m³			
420-3	钢筋				
420-3-1	光圆钢筋(HPB300)	kg			
420-3-2	带肋钢筋(HRB400)	kg			
421	拱涵				
421-1	基础挖方				
421-1-1	挖土方	m³			
421-1-2	挖石方	m³			
421-2	圬工				
421-2-1	砌石基础				
421-2-1-1	M5 浆砌片石	m³			
421-2-1-2	M7.5 浆砌片石	m³			
421-2-1-3	M10 浆砌片石	m³			
421-2-2	现浇基础混凝土				
421-2-2-1	C10 混凝土	m³			
421-2-2-2	C15 混凝土	m³			
421-2-2-3	C20 混凝土	m³			
421-2-2-4	C15 片石混凝土	m³			
421-2-2-5	C20 片石混凝土	m³			
421-2-3	砌石涵台身				
421-2-3-1	M5 浆砌片(块)石	m³			

续上表

子目号	子目名称	单位	数量	综合单价	合价
421-2-3-2	M7.5浆砌片(块)石	m³			
421-2-3-3	M10浆砌片(块)石	m³			
421-2-4	现浇涵台身混凝土				
421-2-4-1	C20混凝土	m³			
421-2-4-2	C25混凝土	m³			
421-2-4-3	C30混凝土	m³			
421-2-4-4	C35混凝土	m³			
421-2-4-5	C40混凝土	m³			
421-2-5	砌石拱圈				
421-2-5-1	M5浆砌片(块)石	m³			
421-2-5-2	M7.5浆砌片(块)石	m³			
421-2-5-3	M10浆砌片(块)石	m³			
421-2-6	现浇拱圈混凝土				
421-2-6-1	C15混凝土	m³			
421-2-6-2	C20混凝土	m³			
421-2-6-3	C25混凝土	m³			
421-2-7	预制安砌拱圈混凝土块				
421-2-7-1	C20混凝土	m³			
421-2-7-2	C25混凝土	m³			
421-2-7-3	C30混凝土	m³			
421-2-8	砌石拱上构造				
421-2-8-1	M5浆砌片(块)石	m³			
421-2-8-2	M7.5浆砌片(块)石	m³			
421-2-8-3	M10浆砌片(块)石	m³			
421-2-9	现浇拱上构造混凝土				
421-2-9-1	C15混凝土	m³			
421-2-9-2	C20混凝土	m³			
421-2-9-3	C25混凝土	m³			
421-2-9-4	C30混凝土	m³			
421-2-10	涵底片石铺砌				
421-2-10-1	M5浆砌片(块)石	m³			
421-2-10-2	M7.5浆砌片(块)石	m³			

续上表

子目号	子目名称	单位	数量	综合单价	合价
421-2-10-3	M10浆砌片(块)石	m³			
421-2-11	现浇涵底混凝土				
421-2-11-1	C10片石混凝土	m³			
421-2-11-2	C15片石混凝土	m³			
421-2-11-3	C20片石混凝土	m³			
421-2-11-4	C10混凝土	m³			
421-2-11-5	C15混凝土	m³			
421-2-11-6	C20混凝土	m³			
421-2-12	涵底铺砌混凝土块				
421-2-12-1	C20混凝土	m³			
421-2-12-2	C25混凝土	m³			
421-2-12-3	C30混凝土	m³			
421-3	钢筋				
421-3-1	光圆钢筋(HPB300)	kg			
421-3-2	带肋钢筋(HRB400)	kg			
422	渡槽				
422-1	基础挖方				
422-1-1	挖土方	m³			
422-1-2	挖石方	m³			
422-2	圬工				
422-2-1	砌石基础				
422-2-1-1	M5浆砌片石	m³			
422-2-1-2	M7.5浆砌片石	m³			
422-2-1-3	M10浆砌片石	m³			
422-2-2	混凝土基础				
422-2-2-1	C10片石混凝土	m³			
422-2-2-2	C15片石混凝土	m³			
422-2-2-3	C20片石混凝土	m³			
422-2-2-4	C10混凝土	m³			
422-2-2-5	C15混凝土	m³			
422-2-2-6	C20混凝土	m³			
422-2-3	砌石墩台(柱)身				

续上表

子目号	子目名称	单位	数量	综合单价	合价
422-2-3-1	M5浆砌片(块)石	m³			
422-2-3-2	M7.5浆砌片(块)石	m³			
422-2-3-3	M10浆砌片(块)石	m³			
422-2-4	现浇墩台(柱)身混凝土				
422-2-4-1	C15片石混凝土	m³			
422-2-4-2	C20片石混凝土	m³			
422-2-4-3	C25片石混凝土	m³			
422-2-4-4	C15混凝土	m³			
422-2-4-5	C20混凝土	m³			
422-2-4-6	C25混凝土	m³			
422-2-4-7	C30混凝土	m³			
422-2-4-8	C35混凝土	m³			
422-2-4-9	C40混凝土	m³			
422-2-5	现浇槽身混凝土				
422-2-5-1	C20混凝土	m³			
422-2-5-2	C25混凝土	m³			
422-2-5-3	C30混凝土	m³			
422-2-5-4	C35混凝土	m³			
422-2-5-5	C40混凝土	m³			
422-3	钢筋				
422-3-1	光圆钢筋(HPB300)	kg			
422-3-2	带肋钢筋(HRB400)	kg			
422-4	槽身钢管				
422-4-1	槽身钢管	kg			
清单 第400章合计	人民币＿＿＿＿＿＿＿＿＿＿				

5 第500章 隧道

清单 第500章 隧道					
子目号	子目名称	单位	数量	综合单价	合价
501	通则				
502	洞口与明洞工程				
502-1	洞口、明洞开挖				
502-1-1	土方	m³			
502-1-2	石方	m³			
502-2	弃方超运	m³·km			
502-3	防水与排水				
502-3-1	金属材料				
502-3-1-1	光圆钢筋(HPB300)	kg			
502-3-1-2	带肋钢筋(HRB400)	kg			
502-3-1-3	带肋钢筋(KL400)	kg			
502-3-1-4	冷轧带肋钢筋(CRB500)	kg			
502-3-1-5	铸铁盖板	kg			
502-3-2	石砌截水沟、排水沟				
502-3-2-1	M5浆砌片石	m³			
502-3-2-2	M7.5浆砌片石	m³			
502-3-2-3	M10浆砌片石	m³			
502-3-3	现浇混凝土沟槽				
502-3-3-1	C10混凝土	m³			
502-3-3-2	C15混凝土	m³			
502-3-3-3	C20混凝土	m³			
502-3-3-4	C25混凝土	m³			
502-3-3-5	C30混凝土	m³			
502-3-3-6	C35混凝土	m³			
502-3-4	预制安装混凝土沟槽				
502-3-4-1	C20混凝土	m³			
502-3-4-2	C25混凝土	m³			
502-3-4-3	C30混凝土	m³			

续上表

子目号	子目名称	单位	数量	综合单价	合价
502-3-4-4	C35 混凝土	m³			
502-3-5	预制安装混凝土沟槽盖板				
502-3-5-1	C20 混凝土	m³			
502-3-5-2	C25 混凝土	m³			
502-3-5-3	C30 混凝土	m³			
502-3-5-4	C35 混凝土	m³			
502-3-6	土工材料				
502-3-6-1	土工布	m²			
502-3-6-2	复合土工布	m²			
502-3-6-3	PVC 防水板	m²			
502-3-6-4	HDPE 防水板	m²			
502-3-7	渗沟				
502-3-7-1	碎石渗沟	m³			
502-3-7-2	砾石渗沟	m³			
502-3-8	现浇混凝土集水坑				
502-3-8-1	C15 混凝土	m³			
502-3-8-2	C20 混凝土	m³			
502-4	洞口防护				
502-4-1	金属材料				
502-4-1-1	光圆钢筋(HPB300)	kg			
502-4-1-2	带肋钢筋(HRB400)	kg			
502-4-1-3	带肋钢筋(KL400)	kg			
502-4-1-4	钢筋网	kg			
502-4-1-5	铁丝网	kg			
502-4-1-6	钢筋锚杆	kg			
502-4-1-7	注浆钢管	kg			
502-4-2	石砌护坡				
502-4-2-1	M5 浆砌片石	m³			
502-4-2-2	M7.5 浆砌片石	m³			
502-4-2-3	M10 浆砌片石	m³			
502-4-3	现浇混凝土护坡				
502-4-3-1	C15 混凝土	m³			

续上表

子目号	子目名称	单位	数量	综合单价	合价
502-4-3-2	C20 混凝土	m^3			
502-4-3-3	C25 混凝土	m^3			
502-4-4	预制安装混凝土护坡				
502-4-4-1	C20 混凝土	m^3			
502-4-4-2	C25 混凝土	m^3			
502-4-4-3	C30 混凝土	m^3			
502-4-5	喷射混凝土护坡				
502-4-5-1	C20 喷射混凝土	m^3			
502-4-5-2	C25 喷射混凝土	m^3			
502-4-5-3	C30 喷射混凝土	m^3			
502-4-6	石砌护面墙				
502-4-6-1	干砌片石	m^3			
502-4-6-2	M5 浆砌片块石	m^3			
502-4-6-3	M7.5 浆砌片块石	m^3			
502-4-6-4	M10 浆砌片块石	m^3			
502-4-7	混凝土挡土墙				
502-4-7-1	C15 片石混凝土	m^3			
502-4-7-2	C20 片石混凝土	m^3			
502-4-7-3	C20 混凝土	m^3			
502-4-7-4	C25 混凝土	m^3			
502-4-7-5	C30 混凝土	m^3			
502-4-8	地表注浆钻孔				
502-4-8-1	直径 42mm	m			
502-4-8-2	直径 46mm	m			
502-4-8-3	直径 50mm	m			
502-4-8-4	直径 62mm	m			
502-4-8-5	直径 75mm	m			
502-4-8-6	直径 91mm	m			
502-4-8-7	直径 110mm	m			
502-4-8-8	直径 130mm	m			
502-4-9	地表注浆				
502-4-9-1	水泥浆	m^3			

续上表

子目号	子目名称	单位	数量	综合单价	合价
502-4-9-2	水泥水玻璃浆	m^3			
502-5	**洞门建筑**				
502-5-1	钢筋				
502-5-1-1	光圆钢筋（HPB300）	kg			
502-5-1-2	带肋钢筋（HRB400）	kg			
502-5-1-3	带肋钢筋（KL400）	kg			
502-5-2	砌石洞门墙				
502-5-2-1	M5浆砌粗料石	m^3			
502-5-2-2	M5浆砌块石	m^3			
502-5-2-3	M5浆砌片石	m^3			
502-5-2-4	M7.5浆砌粗料石	m^3			
502-5-2-5	M7.5浆砌块石	m^3			
502-5-2-6	M7.5浆砌片石	m^3			
502-5-2-7	M10浆砌粗料石	m^3			
502-5-2-8	M10浆砌块石	m^3			
502-5-2-9	M10浆砌片石	m^3			
502-5-2-10	M15浆砌片石	m^3			
502-5-3	预制安装混凝土块洞门墙				
502-5-3-1	C20混凝土	m^3			
502-5-3-2	C25混凝土	m^3			
502-5-3-3	C30混凝土	m^3			
502-5-4	现浇混凝土洞门墙				
502-5-4-1	C15片石混凝土	m^3			
502-5-4-2	C20片石混凝土	m^3			
502-5-4-3	C20混凝土	m^3			
502-5-4-4	C25混凝土	m^3			
502-5-4-5	C30混凝土	m^3			
502-5-4-6	C35混凝土	m^3			
502-5-5	洞门墙装修				
502-5-5-1	料石	m^2			
502-5-5-2	大理石	m^2			
502-5-5-3	瓷砖	m^2			

续上表

子目号	子目名称	单位	数量	综合单价	合价
502-5-5-4	水刷石	m²			
502-5-5-5	涂料	m²			
502-5-5-6	花岗岩	m²			
502-5-6	隧道铭牌				
502-5-6-1	彩色不锈钢金属字	个			
502-5-6-2	石材面板	m²			
502-5-6-3	陶瓷面板	m²			
502-5-6-4	合成材料面板	m²			
502-5-6-5	铝合金板	m²			
502-6	**明洞衬砌**				
502-6-1	金属材料				
502-6-1-1	光圆钢筋(HPB300)	kg			
502-6-1-2	带肋钢筋(HRB400)	kg			
502-6-1-3	带肋钢筋(KL400)	kg			
502-6-1-4	型钢	kg			
502-6-1-5	锚杆	kg			
502-6-1-6	钢管	kg			
502-6-2	砌石工程				
502-6-2-1	M5浆砌片石	m³			
502-6-2-2	M5浆砌块石	m³			
502-6-2-3	M7.5浆砌片石	m³			
502-6-2-4	M7.5浆砌块石	m³			
502-6-2-5	M10浆砌片石	m³			
502-6-2-6	M10浆砌块石	m³			
502-6-3	现浇混凝土				
502-6-3-1	C10片石混凝土	m³			
502-6-3-2	C15片石混凝土	m³			
502-6-3-3	C20片石混凝土	m³			
502-6-3-4	C10混凝土	m³			
502-6-3-5	C15混凝土	m³			
502-6-3-6	C20混凝土	m³			
502-6-3-7	C25混凝土	m³			

续上表

子目号	子目名称	单位	数量	综合单价	合价
502-6-3-8	C30 混凝土	m³			
502-6-3-9	C35 混凝土	m³			
502-6-3-10	C25 防水混凝土	m³			
502-6-3-11	C30 防水混凝土	m³			
502-6-3-12	C35 防水混凝土	m³			
502-7	遮光棚（板）				
502-7-1	遮光棚（板）				
502-7-1-1	金属材料遮光棚顶板	m²			
502-7-1-2	合成材料遮光棚顶板	m²			
502-7-2	遮光棚（板）型钢支架	kg			
502-8	洞顶回填				
502-8-1	防水层				
502-8-1-1	土工布	m²			
502-8-1-2	复合土工布	m²			
502-8-1-3	PVC 防水板	m²			
502-8-1-4	HDPE 防水板	m²			
502-8-1-5	EVA 防水板	m²			
502-8-1-6	玻璃纤维布	m²			
502-8-1-7	黏土隔水层	m²			
502-8-2	回填				
502-8-2-1	填土石	m³			
502-8-2-2	填片石	m³			
502-8-2-3	填碎（砾）石	m³			
502-8-2-4	M5 浆砌片石	m³			
502-8-2-5	M7.5 浆砌片石	m³			
502-8-2-6	C15 混凝土	m³			
502-8-2-7	夯填 5%水泥土	m³			
502-8-2-8	填碎石土	m³			
503	洞身开挖				
503-1	洞身开挖				
503-1-1	独立式隧道洞身开挖				
503-1-1-1	土方	m³			

续上表

子目号	子目名称	单位	数量	综合单价	合价
503-1-1-2	石方	m^3			
503-1-2	小净距隧道洞身开挖				
503-1-2-1	土方	m^3			
503-1-2-2	石方	m^3			
503-1-3	连拱隧道洞身开挖				
503-1-3-1	土方	m^3			
503-1-3-2	石方	m^3			
503-1-4	竖井洞身开挖				
503-1-4-1	土方	m^3			
503-1-4-2	石方	m^3			
503-1-5	斜井洞身开挖				
503-1-5-1	土方	m^3			
503-1-5-2	石方	m^3			
503-1-6	弃渣超运	$m^3 \cdot km$			
503-2	洞身支护				
503-2-1	管棚				
503-2-1-1	$\phi 102mm \times 4mm$	m			
503-2-1-2	$\phi 102mm \times 4.5mm$	m			
503-2-1-3	$\phi 102mm \times 5mm$	m			
503-2-1-4	$\phi 108mm \times 4mm$	m			
503-2-1-5	$\phi 108mm \times 4.5mm$	m			
503-2-1-6	$\phi 108mm \times 5mm$	m			
503-2-1-7	$\phi 108mm \times 6mm$	m			
503-2-1-8	$\phi 114mm \times 4mm$	m			
503-2-1-9	$\phi 114mm \times 4.5mm$	m			
503-2-1-10	$\phi 114mm \times 5mm$	m			
503-2-1-11	$\phi 121mm \times 4mm$	m			
503-2-1-12	$\phi 121mm \times 4.5mm$	m			
503-2-1-13	$\phi 121mm \times 5mm$	m			
503-2-1-14	$\phi 127mm \times 4mm$	m			
503-2-1-15	$\phi 127mm \times 4.5mm$	m			
503-2-1-16	$\phi 127mm \times 5mm$	m			

续上表

子目号	子目名称	单位	数量	综合单价	合价
503-2-2	孔口管				
503-2-2-1	φ102mm×4mm	m			
503-2-2-2	φ102mm×4.5mm	m			
503-2-2-3	φ102mm×5mm	m			
503-2-2-4	φ108mm×4mm	m			
503-2-2-5	φ108mm×4.5mm	m			
503-2-2-6	φ108mm×5mm	m			
503-2-2-7	φ108mm×6mm	m			
503-2-2-8	φ114mm×4mm	m			
503-2-2-9	φ114mm×4.5mm	m			
503-2-2-10	φ114mm×5mm	m			
503-2-2-11	φ121mm×4mm	m			
503-2-2-12	φ121mm×4.5mm	m			
503-2-2-13	φ121mm×5mm	m			
503-2-2-14	φ127mm×4mm	m			
503-2-2-15	φ127mm×4.5mm	m			
503-2-2-16	φ127mm×5mm	m			
503-2-2-17	φ127mm×6mm	m			
503-2-2-18	φ140mm×6mm	m			
503-2-3	小导管				
503-2-3-1	φ42mm×3.5mm	m			
503-2-3-2	φ42mm×4mm	m			
503-2-3-3	φ42mm×4.5mm	m			
503-2-3-4	φ42mm×5mm	m			
503-2-3-5	φ45mm×4mm	m			
503-2-3-6	φ45mm×4.5mm	m			
503-2-3-7	φ45mm×5mm	m			
503-2-3-8	φ50mm×4mm	m			
503-2-3-9	φ50mm×4.5mm	m			
503-2-3-10	φ50mm×5mm	m			
503-2-3-11	φ51mm×8mm	m			
503-2-4	钢支撑				

续上表

子目号	子目名称	单位	数量	综合单价	合价

续上表

子目号	子目名称	单位	数量	综合单价	合价
503-2-4-1	钢筋格栅钢架	kg			
503-2-4-2	型钢钢架	kg			
503-2-5	砂浆锚杆				
503-2-5-1	ϕ16mm	m			
503-2-5-2	ϕ20mm	m			
503-2-5-3	ϕ22mm	m			
503-2-5-4	ϕ25mm	m			
503-2-5-5	ϕ28mm	m			
503-2-6	水泥砂浆药包锚杆				
503-2-6-1	ϕ20mm	m			
503-2-6-2	ϕ22mm	m			
503-2-6-3	ϕ25mm	m			
503-2-7	树脂锚杆				
503-2-7-1	ϕ20mm	m			
503-2-7-2	ϕ22mm	m			
503-2-7-3	ϕ25mm	m			
503-2-8	中空注浆锚杆				
503-2-8-1	ϕ20mm	m			
503-2-8-2	ϕ22mm	m			
503-2-8-3	ϕ25mm	m			
503-2-9	自钻式锚杆				
503-2-9-1	ϕ20mm	m			
503-2-9-2	ϕ22mm	m			
503-2-9-3	ϕ25mm	m			
503-2-9-4	ϕ30mm	m			
503-2-9-5	ϕ40mm	m			
503-2-9-6	ϕ50mm	m			
503-2-9-7	ϕ76mm	m			
503-2-10	预应力锚杆				
503-2-10-1	ϕ20mm	m			
503-2-10-2	ϕ22mm	m			
503-2-10-3	ϕ25mm	m			

续上表

续上表

子目号	子目名称	单位	数量	综合单价	合价
503-2-11	金属网				
503-2-11-1	钢筋网	kg			
503-2-11-2	铁丝网	kg			
503-2-12	喷射混凝土				
503-2-12-1	C20 混凝土	m³			
503-2-12-2	C25 混凝土	m³			
503-2-12-3	C30 混凝土	m³			
503-2-12-4	C20 钢纤维混凝土	m³			
503-2-12-5	C25 钢纤维混凝土	m³			
503-2-12-6	C30 钢纤维混凝土	m³			
503-2-13	钢筋				
503-2-13-1	光圆钢筋(HPB300)	kg			
503-2-13-2	带肋钢筋(HRB400)	kg			
503-2-13-3	带肋钢筋(KL400)	kg			
503-3	岩溶洞处理				
503-3-1	回填				
503-3-1-1	砂砾回填	m³			
503-3-1-2	碎石土回填	m³			
503-3-1-3	碎石回填	m³			
503-3-1-4	干砌片石回填	m³			
503-3-1-5	注水泥砂浆回填				
503-3-1-5-1	1∶1 水泥砂浆	m³			
503-3-1-5-2	1∶2 水泥砂浆	m³			
503-3-1-5-3	1∶2.5 水泥砂浆	m³			
503-3-1-5-4	1∶3 水泥砂浆	m³			
503-3-1-6	浆砌片石回填				
503-3-1-6-1	M5 号水泥砂浆砌片石	m³			
503-3-1-6-2	M7.5 号水泥砂浆砌片石	m³			
503-3-1-7	混凝土回填				
503-3-1-7-1	C10 片石混凝土	m³			
503-3-1-7-2	C15 片石混凝土	m³			
503-3-1-7-3	C20 片石混凝土	m³			

续上表

子目号	子目名称	单位	数量	综合单价	合价
503-3-1-7-4	C10 混凝土	m³			
503-3-1-7-5	C15 混凝土	m³			
503-3-1-7-6	C20 混凝土	m³			
503-3-1-7-7	C25 混凝土	m³			
503-3-2	现浇混凝土盖板				
503-3-2-1	C20 混凝土	m³			
503-3-2-2	C25 混凝土	m³			
503-3-3	预制安装混凝土盖板				
503-3-3-1	C20 混凝土	m³			
503-3-3-2	C25 混凝土	m³			
503-3-4	混凝土支撑墙、支撑柱				
503-3-4-1	C20 混凝土	m³			
503-3-4-2	C25 混凝土	m³			
503-3-5	钢筋				
503-3-5-1	光圆钢筋(HPB300)	kg			
503-3-5-2	带肋钢筋(HRB400)	kg			
504	洞身衬砌				
504-1	洞身衬砌				
504-1-1	钢筋				
504-1-1-1	光圆钢筋(HPB300)	kg			
504-1-1-2	带肋钢筋(HRB400)	kg			
504-1-1-3	带肋钢筋(KL400)	kg			
504-1-2	现浇混凝土连拱隧道中隔墙				
504-1-2-1	C25 混凝土	m³			
504-1-2-2	C30 混凝土	m³			
504-1-2-3	C35 混凝土	m³			
504-1-2-4	C40 混凝土	m³			
504-1-2-5	C25 防水混凝土	m³			
504-1-2-6	C30 防水混凝土	m³			
504-1-2-7	C35 防水混凝土	m³			
504-1-2-8	C40 防水混凝土	m³			
504-1-3	现浇混凝土衬砌				

续上表

子目号	子目名称	单位	数量	综合单价	合价
504-1-3-1	C25 混凝土	m³			
504-1-3-2	C30 混凝土	m³			
504-1-3-3	C35 混凝土	m³			
504-1-3-4	C40 混凝土	m³			
504-1-3-5	C25 防水混凝土	m³			
504-1-3-6	C30 防水混凝土	m³			
504-1-3-7	C35 防水混凝土	m³			
504-1-3-8	C40 防水混凝土	m³			
504-1-4	预制安装混凝土块边墙衬砌				
504-1-4-1	C20 混凝土	m³			
504-1-4-2	C25 混凝土	m³			
504-1-4-3	C30 混凝土	m³			
504-1-4-4	C35 混凝土	m³			
504-1-5	预制安装混凝土块拱顶衬砌				
504-1-5-1	C20 混凝土	m³			
504-1-5-2	C25 混凝土	m³			
504-1-5-3	C30 混凝土	m³			
504-1-5-4	C35 混凝土	m³			
504-1-6	砌石边墙衬砌				
504-1-6-1	M7.5 浆砌块石基础	m³			
504-1-6-2	M10 浆砌块石基础	m³			
504-1-6-3	M7.5 浆砌粗料石墙身	m³			
504-1-6-4	M7.5 浆砌块石墙身	m³			
504-1-6-5	M7.5 浆砌片石墙身	m³			
504-1-6-6	M10 浆砌粗料石墙身	m³			
504-1-6-7	M10 浆砌块石墙身	m³			
504-1-6-8	M10 浆砌片石墙身	m³			
504-1-7	砌石拱顶衬砌				
504-1-7-1	M7.5 浆砌粗料石	m³			
504-1-7-2	M7.5 浆砌块石	m³			
504-1-7-3	M10 浆砌粗料石	m³			
504-1-7-4	M10 浆砌块石	m³			

续上表

子目号	子目名称	单位	数量	综合单价	合价
504-2	仰拱、铺底混凝土				
504-2-1	现浇混凝土仰拱				
504-2-1-1	C10 片石混凝土	m³			
504-2-1-2	C15 片石混凝土	m³			
504-2-1-3	C20 片石混凝土	m³			
504-2-1-4	C10 混凝土	m³			
504-2-1-5	C15 混凝土	m³			
504-2-1-6	C20 混凝土	m³			
504-2-1-7	C25 混凝土	m³			
504-2-1-8	C30 混凝土	m³			
504-2-1-9	C35 混凝土	m³			
504-2-2	现浇混凝土仰拱回填				
504-2-2-1	C10 片石混凝土	m³			
504-2-2-2	C15 片石混凝土	m³			
504-2-2-3	C20 片石混凝土	m³			
504-2-2-4	C10 混凝土	m³			
504-2-2-5	C15 混凝土	m³			
504-2-2-6	C20 混凝土	m³			
504-3	边沟、电缆沟混凝土				
504-3-1	现浇混凝土沟槽				
504-3-1-1	C15 混凝土	m³			
504-3-1-2	C20 混凝土	m³			
504-3-1-3	C25 混凝土	m³			
504-3-1-4	C30 混凝土	m³			
504-3-1-5	C35 混凝土	m³			
504-3-2	预制安装混凝土沟槽				
504-3-2-1	C20 混凝土	m³			
504-3-2-2	C25 混凝土	m³			
504-3-2-3	C30 混凝土	m³			
504-3-2-4	C35 混凝土	m³			
504-3-3	预制安装混凝土沟槽盖板				
504-3-3-1	C20 混凝土	m³			

续上表

子目号	子目名称	单位	数量	综合单价	合价
504-3-3-2	C25 混凝土	m³			
504-3-3-3	C30 混凝土	m³			
504-3-3-4	C35 混凝土	m³			
504-3-4	钢筋				
504-3-4-1	光圆钢筋（HPB300）	kg			
504-3-4-2	带肋钢筋（HRB400）	kg			
504-3-4-3	带肋钢筋（KL400）	kg			
504-3-5	铸铁盖板	kg			
504-3-6	钢盖板	kg			
504-4	**洞内路面**				
504-4-1	钢筋				
504-4-1-1	光圆钢筋（HPB300）	kg			
504-4-1-2	带肋钢筋（HRB400）	kg			
504-4-1-3	带肋钢筋（KL400）	kg			
504-4-2	现浇混凝土				
504-4-2-1	C20 混凝土	m³			
504-4-2-2	C25 混凝土	m³			
504-4-2-3	C30 混凝土	m³			
504-4-2-4	C35 混凝土	m³			
504-4-2-5	C40 混凝土	m³			
504-4-2-6	C45 混凝土	m³			
504-4-2-7	C50 混凝土	m³			
504-4-3	级配碎（砾）石基层				
504-4-3-1	厚 10cm	m²			
504-4-3-2	厚 11cm	m²			
504-4-3-3	厚 12cm	m²			
504-4-3-4	厚 13cm	m²			
504-4-3-5	厚 14cm	m²			
504-4-3-6	厚 15cm	m²			
504-4-4	路面渗沟				
504-4-4-1	PVC-U 管式渗沟				
504-4-4-1-1	DN50mm	m			

续上表

子目号	子目名称	单位	数量	综合单价	合价
504-4-4-2	土工布碎石盲沟	m^3			
504-4-5	隧道路面喷砂	m^2			
504-4-6	混凝土面板表面处理	m^2			
505	**防水与排水**				
505-1	**防水与排水**				
505-1-1	金属材料				
505-1-1-1	光圆钢筋(HPB300)	kg			
505-1-1-2	带肋钢筋(HRB400)	kg			
505-1-1-3	带肋钢筋(KL400)	kg			
505-1-1-4	冷轧带肋钢筋(CRB550)	kg			
505-1-1-5	排水钢管	kg			
505-1-2	土工布包裹合成塑料排水管				
505-1-2-1	DN50mmPVC-U 管	m			
505-1-2-2	DN75mmPVC-U 管	m			
505-1-2-3	DN90mmPVC-U 管	m			
505-1-2-4	DN110mmPVC-U 管	m			
505-1-2-5	DN125mmPVC-U 管	m			
505-1-2-6	DN160mmPVC-U 管	m			
505-1-2-7	DN200mmPVC-U 管	m			
505-1-2-8	DN50mmHDPE 管	m			
505-1-2-9	DN70mmHDPE 管	m			
505-1-2-10	DN75mmHDPE 管	m			
505-1-2-11	DN90mmHDPE 管	m			
505-1-2-12	DN100mmHDPE 管	m			
505-1-2-13	DN110mmHDPE 管	m			
505-1-2-14	DN125mmHDPE 管	m			
505-1-2-15	DN160mmHDPE 管	m			
505-1-2-16	DN200mmHDPE 管	m			
505-1-2-17	DN250mmHDPE 管	m			
505-1-2-18	DN315mmHDPE 管	m			
505-1-2-19	DN500mmHDPE 管	m			
505-1-2-20	ϕ50mm 软式透水管	m			

续上表

续上表

子目号	子目名称	单位	数量	综合单价	合价
505-1-2-21	φ80mm 软式透水管	m			
505-1-2-22	φ100mm 软式透水管	m			
505-1-2-23	φ150mm 软式透水管	m			
505-1-2-24	φ50mm 塑料盲沟	m			
505-1-2-25	φ80mm 塑料盲沟	m			
505-1-2-26	φ100mm 塑料盲沟	m			
505-1-2-27	φ150mm 塑料盲沟	m			
505-1-2-28	250mm×20mm 塑料盲沟	m			
505-1-2-29	280mm×35mm 塑料盲沟	m			
505-1-2-30	100mm×40mm 塑料盲沟	m			
505-1-3	合成塑料排水管				
505-1-3-1	DN50mmPVC-U 管	m			
505-1-3-2	DN75mmPVC-U 管	m			
505-1-3-3	DN90mmPVC-U 管	m			
505-1-3-4	DN110mmPVC-U 管	m			
505-1-3-5	DN125mmPVC-U 管	m			
505-1-3-6	DN160mmPVC-U 管	m			
505-1-3-7	DN200mmPVC-U 管	m			
505-1-3-8	DN200mmPE 管	m			
505-1-4	土工布				
505-1-4-1	土工布	m²			
505-1-4-2	复合土工布	m²			
505-1-5	防水板				
505-1-5-1	PVC 防水板	m²			
505-1-5-2	HDPE 防水板	m²			
505-1-5-3	EVA 防水板	m²			
505-1-5-4	自粘式复合防水卷材	m²			
505-1-6	止水带				
505-1-6-1	中埋式橡胶止水带	m			
505-1-6-2	中埋式塑料止水带	m			
505-1-6-3	中埋式钢边止水带	m			
505-1-6-4	背贴式止水带	m			

续上表

子目号	子目名称	单位	数量	综合单价	合价
505-1-7	止水条				
505-1-7-1	遇水膨胀止水条	m			
505-1-7-2	注浆管遇水膨胀止水条	m			
505-1-8	涂料防水层				
505-1-8-1	厚10mm以内,含10mm	m²			
505-1-8-2	厚10~15mm,含15mm	m²			
505-1-8-3	厚15~20mm,含20mm	m²			
505-1-9	钻孔				
505-1-9-1	φ42mm	m			
505-1-9-2	φ46mm	m			
505-1-9-3	φ50mm	m			
505-1-9-4	φ62mm	m			
505-1-9-5	φ75mm	m			
505-1-9-6	φ91mm	m			
505-1-9-7	φ110mm	m			
505-1-9-8	φ116mm	m			
505-1-9-9	φ130mm	m			
505-1-9-10	φ200mm	m			
505-1-10	注浆				
505-1-10-1	水泥浆	m³			
505-1-10-2	水泥水玻璃浆	m³			
505-1-11	混凝土排水管	m³			
506	**洞内防火涂料和装饰工程**				
506-1	**洞内防火涂料**				
506-1-1	喷涂防火涂料				
506-1-1-1	防火涂料,厚10mm以内(含10mm)	m²			
506-1-1-2	防火涂料,厚10~15mm(不含10mm,含15mm)	m²			
506-1-1-3	防火涂料,厚15~20mm(不含15mm,含20mm)	m²			
506-2	**洞内装饰工程**				
506-2-1	墙面装饰				
506-2-1-1	水磨石墙裙	m²			
506-2-1-2	镶贴马赛克	m²			

续上表

子目号	子目名称	单位	数量	综合单价	合价
506-2-1-3	镶贴瓷砖	m²			
506-2-2	喷涂混凝土专用漆	m²			
506-2-3	吊顶	m²			
507	风水电作业及通风防尘				
508	监控量测				
508-1	监控量测				
508-1-1	必测项目	总额			
508-1-2	选测项目	总额			
509	特殊地质地段的施工与地质预报				
509-1	常规地质法				
509-1-1	导坑	总额			
509-1-2	钻孔	总额			
509-2	物理探测法				
509-2-1	电法				
509-2-1-1	直流电法	总额			
509-2-1-2	高密度电阻法	总额			
509-2-2	电磁法				
509-2-2-1	地质雷达	总额			
509-2-2-2	甚低频	总额			
509-2-3	地震波及声波法				
509-2-3-1	折射波法	总额			
509-2-3-2	反射波法	总额			
509-2-3-3	隧道地震波法	总额			
509-2-3-4	瑞雷波法	总额			
509-2-4	红外线探测	总额			
510	洞内机电设施预埋件和消防设施				
510-1	预埋件	kg			

清单 第500章合计 人民币_____

6 第600章 安全设施及预埋管线工程

清单 第600章 安全设施及预埋管线工程					
子目号	子目名称	单位	数量	综合单价	合价
601	通则				
602	护栏				
602-1	混凝土护栏(护墙、立柱)				
602-1-1	现浇混凝土护栏				
602-1-1-1	C15 片石混凝土	m³			
602-1-1-2	C20 片石混凝土	m³			
602-1-1-3	C15 混凝土	m³			
602-1-1-4	C20 混凝土	m³			
602-1-1-5	C25 混凝土	m³			
602-1-2	现浇钢筋混凝土护栏				
602-1-2-1	C15 混凝土	m³			
602-1-2-2	C20 混凝土	m³			
602-1-2-3	C25 混凝土	m³			
602-1-2-4	C30 混凝土	m³			
602-1-3	预制安装混凝土护栏				
602-1-3-1	C20 混凝土	m³			
602-1-3-2	C25 混凝土	m³			
602-1-3-3	C30 混凝土	m³			
602-1-4	预制安装钢筋混凝土立柱				
602-1-4-1	C15 混凝土	m³			
602-1-4-2	C20 混凝土	m³			
602-1-4-3	C25 混凝土	m³			
602-1-5	现浇混凝土护栏枕梁、支撑块				
602-1-5-1	C15 混凝土	m³			
602-1-5-2	C20 混凝土	m³			
602-1-5-3	C25 混凝土	m³			
602-1-5-4	C30 混凝土	m³			
602-2	石砌护墙				

续上表

子目号	子目名称	单位	数量	综合单价	合价
602-2-1	M7.5号浆砌片石	m^3			
602-2-2	M10号浆砌片石	m^3			
602-3	波形梁钢护栏				
602-3-1	路侧波形梁钢护栏				
602-3-1-1	Gr-B-4E	m			
602-3-1-2	Gr-B-2E	m			
602-3-1-3	Gr-B-2B1	m			
602-3-1-4	Gr-B-2B2	m			
602-3-1-5	Gr-B-4C	m			
602-3-1-6	Gr-B-2C	m			
602-3-1-7	Gr-A-4E	m			
602-3-1-8	Gr-A-2E	m			
602-3-1-9	Gr-A-2B1	m			
602-3-1-10	Gr-A-2B2	m			
602-3-1-11	Gr-A-4C	m			
602-3-1-12	Gr-A-2C	m			
602-3-1-13	Gr-SB-2E	m			
602-3-1-14	Gr-SB-1B1	m			
602-3-1-15	Gr-SB-1B2	m			
602-3-1-16	Gr-SB-2C	m			
602-3-1-17	Gr-SA-3E	m			
602-3-1-18	Gr-SA-1.5B1	m			
602-3-1-19	Gr-SA-1.5B2	m			
602-3-1-20	Gr-SA-3C	m			
602-3-1-21	Gr-SS-2E	m			
602-3-1-22	Gr-SS-1B1	m			
602-3-1-23	Gr-SS-1B2	m			
602-3-1-24	Gr-SS-2C	m			
602-3-2	中央分隔带波形梁钢护栏				
602-3-2-1	Gr-Am-4E	m			
602-3-2-2	Gr-Am-2E	m			
602-3-2-3	Gr-Am-2B1	m			
602-3-2-4	Gr-Am-2B2	m			

续上表

子目号	子目名称	单位	数量	综合单价	合价
602-3-2-5	Gr-Am-4C	m			
602-3-2-6	Gr-Am-2C	m			
602-3-2-7	Grd-Am-2E	m			
602-3-2-8	Grd-Am-1E	m			
602-3-2-9	Grd-Am-1B1	m			
602-3-2-10	Grd-Am-1B2	m			
602-3-2-11	Grd-Am-2C	m			
602-3-2-12	Grd-Am-1C	m			
602-3-2-13	Gr-SBm-2E	m			
602-3-2-14	Gr-SBm-1B1	m			
602-3-2-15	Gr-SBm-1B2	m			
602-3-2-16	Gr-SBm-2C	m			
602-3-2-17	Gr-SAm-3E	m			
602-3-2-18	Gr-SAm-1.5B1	m			
602-3-2-19	Gr-SAm-1.5B2	m			
602-3-2-20	Gr-SAm-3C	m			
602-3-3	波形梁钢护栏端头				
602-3-3-1	外展地锚式端头	个			
602-3-3-2	外展圆头式端头	个			
602-3-3-3	中央分隔带分设型护栏端头	个			
602-3-3-4	三角地带护栏端头	个			
602-3-3-5	紧急电话处护栏端头	个			
602-3-3-6	隧道洞口处护栏端头	个			
602-3-3-7	桥梁钢筋混凝土样式护栏与路基波形梁护栏过渡段 BT-1	个			
602-3-3-8	桥梁钢筋混凝土样式护栏与路基波形梁护栏过渡段 BT-2	个			
602-4	**缆索护栏**				
602-4-1	端部三角形支架				
602-4-1-1	土中埋入式三角形支架	kg			
602-4-1-2	混凝土中埋入式三角形支架	kg			
602-4-2	中间端部三角形支架				

续上表

子目号	子目名称	单位	数量	综合单价	合价
602-4-2-1	土中埋入式三角形支架	kg			
602-4-2-2	混凝土中埋入式三角形支架	kg			
602-4-3	中间立柱				
602-4-3-1	土中埋入式中间立柱	kg			
602-4-3-2	混凝土中埋入式中间立柱	kg			
602-4-4	缆索护栏的缆索和索端接头				
602-4-4-1	缆索	kg			
602-4-4-3	索端接头	kg			
602-4-5	缆索护栏托架	kg			
602-5	中央分隔带活动护栏				
602-5-1	钢质插拔式	m			
602-5-2	钢质伸缩式	m			
602-5-3	塑料或合成树脂充填式	m			
602-5-4	钢管预应力索防撞活动护栏	m			
603	隔离栅和防落网				
603-1	钢板网隔离栅				
603-1-1	F-Em-E	m			
603-1-2	F-Em-C	m			
603-2	编织网隔离栅				
603-2-1	F-Wn-E	m			
603-2-2	F-Wn-C	m			
603-3	焊接网隔离栅				
603-3-1	F-Ww-E	m			
603-3-2	F-Ww-C	m			
603-4	刺钢丝网隔离栅				
603-4-1	F-Bw-E	m			
603-4-2	F-Bw-C	m			
603-5	防落网				
603-5-1	Bf-Em-B	m			
603-5-2	Bf-Ww-B	m			
603-5-3	Bf-Wn-B	m			
603-5-4	Bf-Mp-B	m			

续上表

子目号	子目名称	单位	数量	综合单价	合价
604	道路交通标志				
604-1	单柱式交通标志				
604-1-1	混凝土基础				
604-1-1-1	C15 混凝土	m³			
604-1-1-2	C20 混凝土	m³			
604-1-1-3	C25 混凝土	m³			
604-1-1-4	C30 混凝土	m³			
604-1-2	立柱				
604-1-2-1	镀锌无缝钢管	kg			
604-1-2-2	镀锌焊管	kg			
604-1-3	标志牌板面				
604-1-3-1	一级反光膜铝合金面板	m²			
604-1-3-2	二级反光膜铝合金面板	m²			
604-1-3-3	三级反光膜铝合金面板	m²			
604-1-3-4	四级反光膜铝合金面板	m²			
604-1-3-5	五级反光膜铝合金面板	m²			
604-1-3-6	一级反光膜合成树脂面板	m²			
604-1-3-7	二级反光膜合成树脂面板	m²			
604-1-3-8	三级反光膜合成树脂面板	m²			
604-1-3-9	四级反光膜合成树脂面板	m²			
604-1-3-10	五级反光膜合成树脂面板	m²			
604-1-3-11	LED 主动发光线形诱导标	套			
604-1-4	太阳能交通标志				
604-1-4-1	太阳能黄闪灯	套			
604-2	双(三)柱式交通标志				
604-2-1	混凝土基础				
604-2-1-1	C15 混凝土	m³			
604-2-1-2	C20 混凝土	m³			
604-2-1-3	C25 混凝土	m³			
604-2-1-4	C30 混凝土	m³			
604-2-2	立柱				
604-2-2-1	镀锌无缝钢管	kg			

续上表

子目号	子目名称	单位	数量	综合单价	合价
604-2-2-2	镀锌焊管	kg			
604-2-3	标志牌板面				
604-2-3-1	一级反光膜铝合金面板	m^2			
604-2-3-2	二级反光膜铝合金面板	m^2			
604-2-3-3	三级反光膜铝合金面板	m^2			
604-2-3-4	四级反光膜铝合金面板	m^2			
604-2-3-5	五级反光膜铝合金面板	m^2			
604-3	**悬臂式交通标志**				
604-3-1	混凝土基础				
604-3-1-1	C15混凝土	m^3			
604-3-1-2	C20混凝土	m^3			
604-3-1-3	C25混凝土	m^3			
604-3-1-4	C30混凝土	m^3			
604-3-2	立柱及悬臂梁				
604-3-2-1	镀锌型钢	kg			
604-3-2-2	镀锌无缝钢管	kg			
604-3-2-3	镀锌焊管	kg			
604-3-3	标志牌板面				
604-3-3-1	一级反光膜铝合金面板	m^2			
604-3-3-2	二级反光膜铝合金面板	m^2			
604-3-3-3	三级反光膜铝合金面板	m^2			
604-4	**门架式交通标志**				
604-4-1	混凝土基础				
604-4-1-1	C15混凝土	m^3			
604-4-1-2	C20混凝土	m^3			
604-4-1-3	C25混凝土	m^3			
604-4-1-4	C30混凝土	m^3			
604-4-2	立柱及横梁				
604-4-2-1	镀锌型钢	kg			
604-4-2-2	镀锌无缝钢管	kg			
604-4-2-3	镀锌焊管	kg			
604-4-3	标志牌板面				

续上表

子目号	子目名称	单位	数量	综合单价	合价
604-4-3-1	一级反光膜铝合金面板	m^2			
604-4-3-2	二级反光膜铝合金面板	m^2			
604-4-3-3	三级反光膜铝合金面板	m^2			
604-5	**附着式交通标志**				
604-5-1	铝合金面板				
604-5-1-1	一级反光膜铝合金面板	m^2			
604-5-1-2	二级反光膜铝合金面板	m^2			
604-5-1-3	三级反光膜铝合金面板	m^2			
604-5-1-4	四级反光膜铝合金面板	m^2			
604-5-1-5	五级反光膜铝合金面板	m^2			
604-5-2	合成树脂面板				
604-5-2-1	一级反光膜合成树脂面板	m^2			
604-5-2-2	二级反光膜合成树脂面板	m^2			
604-5-2-3	三级反光膜合成树脂面板	m^2			
604-5-2-4	四级反光膜合成树脂面板	m^2			
604-5-2-5	五级反光膜合成树脂面板	m^2			
604-6	**里程碑**				
604-6-1	混凝土里程碑	个			
604-6-2	铝合金里程碑	个			
604-6-3	合成树脂里程碑	个			
604-7	**公路界碑**				
604-7-1	混凝土界碑	个			
604-8	**百米桩**				
604-8-1	侧墙附着式	个			
604-8-2	预制安装混凝土	个			
604-9	**锥形桶**				
604-9-1	橡胶锥形桶				
604-9-1-1	高度50cm以内,含50cm	只			
604-9-1-2	高度50~70cm,含70cm	只			
604-9-2	塑料锥形桶				
604-9-2-1	高度50cm以内,含50cm	只			
604-9-2-2	高度50~70cm,含70cm	只			

续上表

子目号	子目名称	单位	数量	综合单价	合价
604-10	防撞桶				
604-10-1	合成树脂防撞桶				
604-10-1-1	ϕ600mm 以内，含 600mm	只			
604-10-1-2	ϕ600~ϕ1000mm，含 1000mm	只			
604-10-2	工程塑料防撞桶				
604-10-2-1	ϕ600mm 以内，含 600mm	只			
604-10-2-2	ϕ600~ϕ1000mm，含 1000mm	只			
604-11	道路反光镜				
604-11-1	PC 镜面道路反光镜				
604-11-1-1	0.3m^2以内，含 0.3m^2	m^2			
604-11-1-2	0.3~0.5m^2，含 0.5m^2	m^2			
604-11-1-3	0.5~0.8m^2，含 0.8m^2	m^2			
604-11-1-4	0.8~1.0m^2，含 1.0m^2	m^2			
604-11-1-5	1.0m^2以上	m^2			
604-11-2	亚克力(PMMA)镜面道路反光镜				
604-11-2-1	0.3m^2以内，含 0.3m^2	m^2			
604-11-2-2	0.3~0.5m^2，含 0.5m^2	m^2			
604-11-2-3	0.5~0.8m^2，含 0.8m^2	m^2			
604-11-2-4	0.8~1.0m^2，含 1.0m^2	m^2			
604-11-2-5	1.0m^2以上	m^2			
604-11-3	不锈钢镜面道路反光镜				
604-11-3-1	0.3m^2以内，含 0.3m^2	m^2			
604-11-3-2	0.3~0.5m^2，含 0.5m^2	m^2			
604-11-3-3	0.5~0.8m^2，含 0.8m^2	m^2			
604-11-3-4	0.8~1.0m^2，含 1.0m^2	m^2			
604-11-3-5	1.0m^2以上	m^2			
604-12	防撞垫	个			
605	道路交通标线				
605-1	溶剂型涂料标线				
605-1-1	普通型				
605-1-1-1	厚 0.5mm 以内，含 0.5mm	m^2			
605-1-1-2	厚 0.5~0.8mm，含 0.8mm	m^2			

续上表

子目号	子目名称	单位	数量	综合单价	合价
605-1-2	反光型				
605-1-2-1	厚0.5mm以内,含0.5mm	m²			
605-1-2-2	厚0.5~0.8mm,含0.8mm	m²			
605-2	**热熔型涂料标线**				
605-2-1	普通型				
605-2-1-1	厚1.5mm以内,含1.5mm	m²			
605-2-1-2	厚1.5~2.5mm,含2.5mm	m²			
605-2-2	反光型				
605-2-2-1	厚1.5mm以内,含1.5mm	m²			
605-2-2-2	厚1.5~2.5mm,含2.5mm	m²			
605-2-3	反光突起型				
605-2-3-1	厚5mm以内,含5mm	m²			
605-2-3-2	厚5~7mm,含7mm	m²			
605-3	**双组分涂料标线**				
605-3-1	普通型				
605-3-1-1	厚1.5mm以内,含1.5mm	m²			
605-3-1-2	厚1.5~2.5mm,含2.5mm	m²			
605-3-2	反光型				
605-3-2-1	厚1.5mm以内,含1.5mm	m²			
605-3-2-2	厚1.5~2.5mm,含2.5mm	m²			
605-4	**水性涂料标线**				
605-4-1	普通型				
605-4-1-1	厚0.5mm以内,含0.5mm	m²			
605-4-1-2	厚0.5~0.8mm,含0.8mm	m²			
605-4-2	反光型				
605-4-2-1	厚0.5mm以内,含0.5mm	m²			
605-4-2-2	厚0.5~0.8mm,含0.8mm	m²			
605-5	**树脂防滑型标线**				
605-5-1	厚5mm以内,含5mm	m²			
605-5-2	厚5mm以上	m²			
605-6	**预成型标线带**				
605-6-1	普通型反光标线带				

续上表

子目号	子目名称	单位	数量	综合单价	合价
605-6-1-1	厚1.0mm以内,含1.0mm	m^2			
605-6-1-2	厚1.0~1.5mm,含1.5mm	m^2			
605-6-2	突起型反光标线带	m^2			
605-6-2-1	厚1.5mm以内,含1.5mm	m^2			
605-6-2-2	厚1.5~2.5mm,含2.5mm	m^2			
605-7	**突起路标**				
605-7-1	反射型突起路标				
605-7-1-1	工程塑料类(单面)	个			
605-7-1-2	工程塑料类(双面)	个			
605-7-1-3	金属类(单面)	个			
605-7-1-4	金属类(双面)	个			
605-7-1-5	陶瓷类(单面)	个			
605-7-1-6	陶瓷类(双面)	个			
605-7-2	透射型突起路标				
605-7-2-1	工程塑料类(单面)	个			
605-7-2-2	工程塑料类(双面)	个			
605-7-2-3	金属类(单面)	个			
605-7-2-4	金属类(双面)	个			
605-7-2-5	陶瓷类(单面)	个			
605-7-2-6	陶瓷类(双面)	个			
605-7-3	无反射型突起路标				
605-7-3-1	工程塑料类(单面)	个			
605-7-3-2	工程塑料类(双面)	个			
605-7-3-3	金属类(单面)	个			
605-7-3-4	金属类(双面)	个			
605-7-3-5	陶瓷类(单面)	个			
605-7-3-6	陶瓷类(双面)	个			
605-7-4	其他反射型突起路标				
605-7-4-1	工程塑料类(单面)	个			
605-7-4-2	工程塑料类(双面)	个			
605-7-5	主动发光型突起路标				
605-7-5-1	LED类	个			

续上表

子目号	子目名称	单位	数量	综合单价	合价
605-8	轮廓标				
605-8-1	反射型轮廓标				
605-8-1-1	合成树脂柱式	个			
605-8-1-2	钢板柱式	个			
605-8-1-3	侧墙附着式	个			
605-8-1-4	连接螺栓上附着栏式	个			
605-8-1-5	护栏板上附着栏式	个			
605-8-1-6	玻璃钢柱式	个			
605-8-1-7	橡胶柱式	个			
605-8-1-8	隧道反光环	个			
605-8-2	主动发光型轮廓标				
605-8-2-1	合成树脂柱式	个			
605-8-2-2	钢板柱式	个			
605-8-2-3	侧墙附着式	个			
605-8-2-4	连接螺栓上附着栏式	个			
605-8-2-5	护栏板上附着栏式	个			
605-9	立面标记				
605-9-1	构造物墙面立面标记	处			
605-10	减速带				
605-10-1	橡胶减速丘				
605-10-1-1	厚30mm以内,含30mm	m			
605-10-1-2	厚30~50mm,含50mm	m			
605-10-1-3	厚50~60mm,含60mm	m			
605-10-2	水泥混凝土减速丘				
605-10-2-1	C20混凝土	m³			
605-10-2-2	C25混凝土	m³			
605-10-3	沥青混凝土减速带	m²			
606	防眩设施				
606-1	防眩板				
606-1-1	钢板防眩板	块			
606-1-2	工程塑料防眩板	块			
606-1-3	合成树脂防眩板	块			

续上表

子目号		子目名称	单位	数量	综合单价	合价
606-2		防眩网				
	606-2-1	镀锌网	m			
	606-2-2	镀塑网	m			
606-3		底座钢架支撑				
	606-3-1	镀锌钢架支撑	kg			
607		通信和电力管道与预埋(预留)基础				
607-1		人孔				
	607-1-1	现浇混凝土人孔				
	607-1-1-1	小号	个			
	607-1-1-2	中号	个			
	607-1-2	砖混人孔				
	607-1-2-1	小号	个			
	607-1-2-2	中号	个			
607-2		手孔				
	607-2-1	现浇混凝土手孔				
	607-2-1-1	小号	个			
	607-2-1-2	中号	个			
	607-2-2	砖混手孔				
	607-2-2-1	小号	个			
	607-2-2-2	中号	个			
607-3		紧急电话平台				
	607-3-1	现浇混凝土平台	个			
607-4		铺设塑料管道				
	607-4-1	34/28mm 硅芯管				
	607-4-1-1	1孔	km			
	607-4-1-2	2孔	km			
	607-4-1-3	3孔	km			
	607-4-1-4	4孔	km			
	607-4-1-5	6孔	km			
	607-4-1-6	8孔	km			
	607-4-1-7	9孔	km			
	607-4-1-8	12孔	km			

续上表

子目号	子目名称	单位	数量	综合单价	合价
607-4-2	40/33mm 硅芯管				
607-4-2-1	1 孔	km			
607-4-2-2	2 孔	km			
607-4-2-3	3 孔	km			
607-4-2-4	4 孔	km			
607-4-2-5	6 孔	km			
607-4-2-6	8 孔	km			
607-4-2-7	9 孔	km			
607-4-2-8	12 孔	km			
607-4-3	46/38mm 硅芯管				
607-4-3-1	1 孔	km			
607-4-3-2	2 孔	km			
607-4-3-3	3 孔	km			
607-4-3-4	4 孔	km			
607-4-3-5	6 孔	km			
607-4-3-6	8 孔	km			
607-4-3-7	9 孔	km			
607-4-3-8	12 孔	km			
607-4-4	单孔 PVC-U 管				
607-4-4-1	DN35mm	m			
607-4-4-2	DN40mm	m			
607-4-4-3	DN50mm	m			
607-4-4-4	DN65mm	m			
607-4-4-5	DN80mm	m			
607-4-4-6	DN100mm	m			
607-4-5	2 孔 PVC-U 管				
607-4-5-1	DN35mm	m			
607-4-5-2	DN40mm	m			
607-4-5-3	DN50mm	m			
607-4-5-4	DN65mm	m			
607-4-5-5	DN80mm	m			
607-4-5-6	DN100mm	m			

续上表

子目号	子目名称	单位	数量	综合单价	合价
607-4-6	3孔PVC-U管				
607-4-6-1	DN35mm	m			
607-4-6-2	DN40mm	m			
607-4-6-3	DN50mm	m			
607-4-6-4	DN65mm	m			
607-4-6-5	DN80mm	m			
607-4-6-6	DN100mm	m			
607-5	铺设钢管				
607-5-1	过桥钢管				
607-5-1-1	镀锌无缝钢管	kg			
607-5-1-2	镀锌焊管	kg			
607-5-1-3	镀锌钢塑管	kg			
607-5-1-4	玻璃钢管箱	kg			
607-5-2	直埋钢管				
607-5-2-1	镀锌无缝钢管	kg			
607-5-2-2	镀锌焊管	kg			
607-5-2-3	镀锌钢塑管	kg			
607-5-2-4	玻璃钢管箱	kg			
607-6	管道包封				
607-6-1	砂包封	m^3			
607-6-2	混凝土包封	m^3			
607-7	槽式桥架				
607-7-1	过桥槽式钢板桥架				
607-7-1-1	镀锌钢板	m			
607-7-2	过桥槽式合成树脂桥架				
607-7-2-1	合成树脂	m			
607-8	型钢支架				
607-8-1	过桥型钢支架				
607-8-1-1	镀锌型钢	kg			
607-8-2	其他结构物型钢支架				
607-8-2-1	镀锌型钢	kg			
608	收费设施及地下通道				

续上表

子目号	子目名称	单位	数量	综合单价	合价
608-1	**收费亭**				
608-1-1	单人收费亭	个			
608-1-2	双人收费亭	个			

清单　第600章合计　人民币_____

7 第700章 绿化及环境保护设施

清单 第700章 绿化及环境保护设施					
子目号	子目名称	单位	数量	综合单价	合价
701	通则				
702	铺设表土				
702-1	铺设利用的种植土				
702-1-1	中央分隔带	m^3			
702-1-2	服务区、互通立交区	m^3			
702-1-3	路肩及碎落台	m^3			
702-1-4	路堤边坡	m^3			
702-1-5	路堑边坡	m^3			
702-1-6	路侧空地	m^3			
702-2	铺设外借的种植土				
702-2-1	中央分隔带	m^3			
702-2-2	服务区、互通立交区	m^3			
702-2-3	路肩及碎落台	m^3			
702-2-4	路堤边坡	m^3			
702-2-5	路堑边坡	m^3			
702-2-6	路侧空地	m^3			
702-2-7	取弃土场	m^3			
702-2-8	隧道洞口	m^3			
702-2-9	观景台	m^3			
703	撒播草种和铺植草皮				
703-1	撒播草种				
703-1-1	路堤边坡	m^2			
703-1-2	路堑边坡	m^2			
703-1-3	中央分隔带	m^2			
703-1-4	服务区、互通立交区	m^2			
703-1-5	路侧空地	m^2			
703-1-6	取弃土场	m^2			
703-1-7	隧道洞口	m^2			

续上表

子目号	子目名称	单位	数量	综合单价	合价
703-1-8	观景台	m²			
703-2	混喷草种和灌木				
703-2-1	路堤边坡	m²			
703-2-2	路堑边坡	m²			
703-2-3	中央分隔带	m²			
703-2-4	服务区、互通立交区	m²			
703-2-5	路侧空地	m²			
703-2-6	取弃土场	m²			
703-3	先点播灌木后喷播草种				
703-3-1	路堤边坡	m²			
703-3-2	路堑边坡	m²			
703-3-3	路侧空地	m²			
703-4	铺植草皮				
703-4-1	服务区、互通立交区自然地(坡)面	m²			
703-4-2	服务区、互通立交区空心地砖嵌草皮	m²			
703-5	三维土工网植草				
703-5-1	植生袋	m²			
703-6	客土喷播				
703-6-1	绿化基材	m²			
703-7	绿地喷灌管道				
703-7-1	DN15mm	m			
703-7-2	DN20mm	m			
703-7-3	DN25mm	m			
703-7-4	DN32mm	m			
703-7-5	DN40mm	m			
703-7-6	DN50mm	m			
703-7-7	>DN50mm	m			
703-8	植生袋	m²			
703-9	稳固生物防护				
703-9-1	铁丝网	m²			
703-9-2	钢丝网	m²			
703-9-3	锚杆	kg			

续上表

子目号	子目名称	单位	数量	综合单价	合价
704	种植乔木、灌木和攀缘植物				
704-1	栽植乔木				
704-1-1	高30cm以内幼苗,含30cm				
704-1-1-1	白玉兰(Magnolia denudata)	棵			
704-1-1-2	碧桃(Amygdalus persica var.persica f.duplex)	棵			
704-1-1-3	侧柏(Platycladus orientalis(Linn.)Franco)	棵			
704-1-1-4	垂丝海棠(Malus halliana(Voss.)Koehne)	棵			
704-1-1-5	垂叶榕(Ficus benjamina Linn.)	棵			
704-1-1-6	刺柏(Juniperus formosana Hayata)	棵			
704-1-1-7	刺桐(Erythina indica Lam)	棵			
704-1-1-8	灯台树(Bothrocaryum controversum)	棵			
704-1-1-9	滇朴(Celtis kunmingensis Cheng et Hong)	棵			
704-1-1-10	滇杨(Populus yunnanensis Dode)	棵			
704-1-1-11	冬瓜树(桤木 Alnus nepalensis)	棵			
704-1-1-12	冬樱花(Cerasus cerasoides(D.Don)Sok.)	棵			
704-1-1-13	杜英(Elaeocarpus poilanei Gagnep.)	棵			
704-1-1-14	凤凰木(Delonix regia(Boj.)Raf.)	棵			
704-1-1-15	复羽叶栾树(Koelreuteria bipinnata Franch.)	棵			
704-1-1-16	高山柳(Salix cupularis Rehd)	棵			
704-1-1-17	广玉兰(Magnolia grandiflora L.)	棵			
704-1-1-18	桂花(Osmanthus fragrans)	棵			
704-1-1-19	海棠花(Malus spectabilis)	棵			
704-1-1-20	合欢(Albizia julibrissin)	棵			
704-1-1-21	黑荆树(Acacia mearnsii De Wilde)	棵			
704-1-1-22	红枫(Acer palmatum var.atropurpurum)	棵			
704-1-1-23	红花木莲(Manglietia insignis(Wall.)Bl.)	棵			
704-1-1-24	红叶乌桕(Euphorbia cotinifolia L.)	棵			
704-1-1-25	黄槐(Cassia surattensis)	棵			
704-1-1-26	黄连木(Pistacia chinensis)	棵			
704-1-1-27	火烧花(Mayodendron igneum Kurz)	棵			
704-1-1-28	火焰木(Spathodea campanulata)	棵			
704-1-1-29	蜡梅(Chimonanthus praecox)	棵			

续上表

子目号	子目名称	单位	数量	综合单价	合价
704-1-1-30	蓝花楹（Jacaranda mimosifoia）	棵			
704-1-1-31	梨树（Pyrus L.）	棵			
704-1-1-32	栾树（Koelreuteria paniculata）	棵			
704-1-1-33	毛杨梅（大树杨梅 Myrica rubra（Lour.）Sieb. et Zucc.）	棵			
704-1-1-34	南洋杉（Araucaria cunninghamii）	棵			
704-1-1-35	女贞（Ligustrum lucidum）	棵			
704-1-1-36	枇杷（Eriobotrya japonica）	棵			
704-1-1-37	苹果树（Malus pumila Mill.）	棵			
704-1-1-38	球花石楠（Photinia glomerata）	棵			
704-1-1-39	三角枫（Acer buergerianum Miq.）	棵			
704-1-1-40	圣诞树（一品红 Common poinsettia）	棵			
704-1-1-41	湿地松（Pinus elliottii Englem.）	棵			
704-1-1-42	石榴（Punica graanatum）	棵			
704-1-1-43	石楠（Photinia serrulata）	棵			
704-1-1-44	柿子树（Diospyros）	棵			
704-1-1-45	双荚决明（Ssiadi-capsuiaris L）	棵			
704-1-1-46	塔柏（Sabina chinensiscv.Pyramidali）	棵			
704-1-1-47	天竺桂（Cinnamomum pedunculatum）	棵			
704-1-1-48	文冠果（Xanthoceras sorbifolia）	棵			
704-1-1-49	五针松（Pinus parviflora S.et Z.）	棵			
704-1-1-50	香樟（Cinnamomum camphora）	棵			
704-1-1-51	橡皮树（Ficus elastica）	棵			
704-1-1-52	小叶榕（Ficus microcarpa）	棵			
704-1-1-53	雪松（Cedrus deodara）	棵			
704-1-1-54	银杏（ginkgo）	棵			
704-1-1-55	樱花（Prunus serrulata）	棵			
704-1-1-56	圆柏（Sabina chinensis（L.）Ant.）	棵			
704-1-1-57	云南拟单性木兰（Parakmeria yunnanensis Hu）	棵			
704-1-1-58	云南山茶（Camellia reticulata）	棵			
704-1-1-59	云南松（Pinus yunnanensis）	棵			
704-1-1-60	云南樱花（Prunus cerasoides（D.Don）Sok）	棵			

续上表

子目号	子目名称	单位	数量	综合单价	合价
704-1-1-61	云杉（Picea asperata Mast）	棵			
704-1-1-62	长穗鱼尾葵（Caryota ochlandra Hance）	棵			
704-1-1-63	紫薇（Lagersrromia speciosa）	棵			
704-1-1-64	紫叶李（Prunus cerasifera Ehrhart f. atropurpurea（Jacq.）Rehd.）	棵			
704-1-1-65	棕榈（Trachycarpus fortunei）	棵			
704-1-2	高30~50cm幼苗，含50cm				
704-1-2-1	白玉兰（Magnolia denudata）	棵			
704-1-2-2	碧桃（Amygdalus persica var.persica f.duplex）	棵			
704-1-2-3	侧柏（Platycladus orientalis（Linn.）Franco）	棵			
704-1-2-4	垂丝海棠（Malus halliana（Voss.）Koehne）	棵			
704-1-2-5	垂叶榕（Ficus benjamina Linn.）	棵			
704-1-2-6	刺柏（Juniperus formosana Hayata）	棵			
704-1-2-7	刺桐（Erythina indica Lam）	棵			
704-1-2-8	灯台树（Bothrocaryum controversum）	棵			
704-1-2-9	滇朴（Celtis kunmingensis Cheng et Hong）	棵			
704-1-2-10	滇杨（Populus yunnanensis Dode）	棵			
704-1-2-11	冬瓜树（桤木 Alnus nepalensis）	棵			
704-1-2-12	冬樱花（Cerasus cerasoides（D.Don）Sok.）	棵			
704-1-2-13	杜英（Elaeocarpus poilanei Gagnep.）	棵			
704-1-2-14	凤凰木（Delonix regia（Boj.）Raf.）	棵			
704-1-2-15	复羽叶栾树（Koelreuteria bipinnata Franch.）	棵			
704-1-2-16	高山柳（Salix cupularis Rehd）	棵			
704-1-2-17	广玉兰（Magnolia grandiflora L.）	棵			
704-1-2-18	桂花（Osmanthus fragrans）	棵			
704-1-2-19	海棠花（Malus spectabilis）	棵			
704-1-2-20	合欢（Albizia julibrissin）	棵			
704-1-2-21	黑荆树（Acacia mearnsii De Wilde）	棵			
704-1-2-22	红枫（Acer palmatum var.atropurpurum）	棵			
704-1-2-23	红花木莲（Manglietia insignis（Wall.）Bl.）	棵			
704-1-2-24	红叶乌桕（Euphorbia cotinifolia L.）	棵			
704-1-2-25	黄槐（Cassia surattensis）	棵			

续上表

子目号	子目名称	单位	数量	综合单价	合价
704-1-2-26	黄连木(Pistacia chinensis)	棵			
704-1-2-27	火烧花(Mayodendron igneum Kurz)	棵			
704-1-2-28	火焰木(Spathodea campanulata)	棵			
704-1-2-29	蜡梅(Chimonanthus praecox)	棵			
704-1-2-30	蓝花楹(Jacaranda mimosifoia)	棵			
704-1-2-31	梨树(Pyrus L.)	棵			
704-1-2-32	栾树(Koelreuteria paniculata)	棵			
704-1-2-33	毛杨梅(大树杨梅 Myrica rubra(Lour.) Sieb. et Zucc.)	棵			
704-1-2-34	南洋杉(Araucaria cunninghamii)	棵			
704-1-2-35	女贞(Ligustrum lucidum)	棵			
704-1-2-36	枇杷(Eriobotrya japonica)	棵			
704-1-2-37	苹果树(Malus pumila Mill.)	棵			
704-1-2-38	球花石楠(Photinia glomerata)	棵			
704-1-2-39	三角枫(Acer buergerianum Miq.)	棵			
704-1-2-40	圣诞树(一品红 Common poinsettia)	棵			
704-1-2-41	湿地松(Pinus elliottii Englem.)	棵			
704-1-2-42	石榴(Punica graanatum)	棵			
704-1-2-43	石楠(Photinia serrulata)	棵			
704-1-2-44	柿子树(Diospyros)	棵			
704-1-2-45	双荚决明(Ssiadi-capsuiaris L)	棵			
704-1-2-46	塔柏(Sabina chinensiscv.Pyramidali)	棵			
704-1-2-47	天竺桂(Cinnamomum pedunculatum)	棵			
704-1-2-48	文冠果(Xanthoceras sorbifolia)	棵			
704-1-2-49	五针松(Pinus parviflora S.et Z.)	棵			
704-1-2-50	香樟(Cinnamomum camphora)	棵			
704-1-2-51	橡皮树(Ficus elastica)	棵			
704-1-2-52	小叶榕(Ficus microcarpa)	棵			
704-1-2-53	雪松(Cedrus deodara)	棵			
704-1-2-54	银杏(ginkgo)	棵			
704-1-2-55	樱花(Prunus serrulata)	棵			
704-1-2-56	圆柏(Sabina chinensis(L.)Ant.)	棵			

续上表

子目号	子目名称	单位	数量	综合单价	合价
704-1-2-57	云南拟单性木兰(Parakmeria yunnanensis Hu)	棵			
704-1-2-58	云南山茶(Camellia reticulata)	棵			
704-1-2-59	云南松(Pinus yunnanensis)	棵			
704-1-2-60	云南樱花(Prunus cerasoides(D.Don)Sok)	棵			
704-1-2-61	云杉(Picea asperata Mast)	棵			
704-1-2-62	长穗鱼尾葵(Caryota ochlandra Hance)	棵			
704-1-2-63	紫薇(Lagersrromia speciosa)	棵			
704-1-2-64	紫叶李(Prunus cerasifera Ehrhart f. atropurpurea (Jacq.)Rehd.)	棵			
704-1-2-65	棕榈(Trachycarpus fortunei)	棵			
704-1-3	高50~80cm幼苗,含80cm				
704-1-3-1	白玉兰(Magnolia denudata)	棵			
704-1-3-2	碧桃(Amygdalus persica var.persica f.duplex)	棵			
704-1-3-3	侧柏(Platycladus orientalis(Linn.)Franco)	棵			
704-1-3-4	垂丝海棠(Malus halliana (Voss.)Koehne)	棵			
704-1-3-5	垂叶榕(Ficus benjamina Linn.)	棵			
704-1-3-6	刺柏(Juniperus formosana Hayata)	棵			
704-1-3-7	刺桐(Erythina indica Lam)	棵			
704-1-3-8	灯台树(Bothrocaryum controversum)	棵			
704-1-3-9	滇朴(Celtis kunmingensis Cheng et Hong)	棵			
704-1-3-10	滇杨(Populus yunnanensis Dode)	棵			
704-1-3-11	冬瓜树(桤木 Alnus nepalensis)	棵			
704-1-3-12	冬樱花(Cerasus cerasoides(D.Don)Sok.)	棵			
704-1-3-13	杜英(Elaeocarpus poilanei Gagnep.)	棵			
704-1-3-14	凤凰木(Delonix regia(Boj.)Raf.)	棵			
704-1-3-15	复羽叶栾树(Koelreuteria bipinnata Franch.)	棵			
704-1-3-16	高山柳(Salix cupularis Rehd)	棵			
704-1-3-17	广玉兰(Magnolia grandiflora L.)	棵			
704-1-3-18	桂花(Osmanthus fragrans)	棵			
704-1-3-19	海棠花(Malus spectabilis)	棵			
704-1-3-20	合欢(Albizia julibrissin)	棵			
704-1-3-21	黑荆树(Acacia mearnsii De Wilde)	棵			

续上表

子目号	子目名称	单位	数量	综合单价	合价
704-1-3-22	红枫(Acer palmatum var.atropurpurum)	棵			
704-1-3-23	红花木莲(Manglietia insignis(Wall.)Bl.)	棵			
704-1-3-24	红叶乌桕(Euphorbia cotinifolia L.)	棵			
704-1-3-25	黄槐(Cassia surattensis)	棵			
704-1-3-26	黄连木(Pistacia chinensis)	棵			
704-1-3-27	火烧花(Mayodendron igneum Kurz)	棵			
704-1-3-28	火焰木(Spathodea campanulata)	棵			
704-1-3-29	蜡梅(Chimonanthus praecox)	棵			
704-1-3-30	蓝花楹(Jacaranda mimosifoia)	棵			
704-1-3-31	梨树(Pyrus L.)	棵			
704-1-3-32	栾树(Koelreuteria paniculata)	棵			
704-1-3-33	毛杨梅(大树杨梅 Myrica rubra(Lour.)Sieb. et Zucc.)	棵			
704-1-3-34	南洋杉(Araucaria cunninghamii)	棵			
704-1-3-35	女贞(Ligustrum lucidum)	棵			
704-1-3-36	枇杷(Eriobotrya japonica)	棵			
704-1-3-37	苹果树(Malus pumila Mill.)	棵			
704-1-3-38	球花石楠(Photinia glomerata)	棵			
704-1-3-39	三角枫(Acer buergerianum Miq.)	棵			
704-1-3-40	圣诞树(一品红 Common poinsettia)	棵			
704-1-3-41	湿地松(Pinus elliottii Englem.)	棵			
704-1-3-42	石榴(Punica graanatum)	棵			
704-1-3-43	石楠(Photinia serrulata)	棵			
704-1-3-44	柿子树(Diospyros)	棵			
704-1-3-45	双荚决明(Ssiadi-capsuiaris L)	棵			
704-1-3-46	塔柏(Sabina chinensiscv.Pyramidali)	棵			
704-1-3-47	天竺桂(Cinnamomum pedunculatum)	棵			
704-1-3-48	文冠果(Xanthoceras sorbifolia)	棵			
704-1-3-49	五针松(Pinus parviflora S.et Z.)	棵			
704-1-3-50	香樟(Cinnamomum camphora)	棵			
704-1-3-51	橡皮树(Ficus elastica)	棵			
704-1-3-52	小叶榕(Ficus microcarpa)	棵			

续上表

子目号	子目名称	单位	数量	综合单价	合价
704-1-3-53	雪松（Cedrus deodara）	棵			
704-1-3-54	银杏（Ginkgo）	棵			
704-1-3-55	樱花（Prunus serrulata）	棵			
704-1-3-56	圆柏（Sabina chinensis（L.）Ant.）	棵			
704-1-3-57	云南拟单性木兰（Parakmeria yunnanensis Hu）	棵			
704-1-3-58	云南山茶（Camellia reticulata）	棵			
704-1-3-59	云南松（Pinus yunnanensis）	棵			
704-1-3-60	云南樱花（Prunus cerasoides（D.Don）Sok）	棵			
704-1-3-61	云杉（Picea asperata Mast）	棵			
704-1-3-62	长穗鱼尾葵（Caryota ochlandra Hance）	棵			
704-1-3-63	紫薇（Lagersrromia speciosa）	棵			
704-1-3-64	紫叶李（Prunus cerasifera Ehrhart f. atropurpurea（Jacq.）Rehd.）	棵			
704-1-3-65	棕榈（Trachycarpus fortunei）	棵			
704-1-4	高80~100cm幼苗,含100cm				
704-1-4-1	白玉兰（Magnolia denudata）	棵			
704-1-4-2	碧桃（Amygdalus persica var.persica f.duplex）	棵			
704-1-4-3	侧柏（Platycladus orientalis（Linn.）Franco）	棵			
704-1-4-4	垂丝海棠（Malus halliana（Voss.）Koehne）	棵			
704-1-4-5	垂叶榕（Ficus benjamina Linn.）	棵			
704-1-4-6	刺柏（Juniperus formosana Hayata）	棵			
704-1-4-7	刺桐（Erythina indica Lam）	棵			
704-1-4-8	灯台树（Bothrocaryum controversum）	棵			
704-1-4-9	滇朴（Celtis kunmingensis Cheng et Hong）	棵			
704-1-4-10	滇杨（Populus yunnanensis Dode）	棵			
704-1-4-11	冬瓜树（桤木 Alnus nepalensis）	棵			
704-1-4-12	冬樱花（Cerasus cerasoides（D.Don）Sok.）	棵			
704-1-4-13	杜英（Elaeocarpus poilanei Gagnep.）	棵			
704-1-4-14	凤凰木（Delonix regia（Boj.）Raf.）	棵			
704-1-4-15	复羽叶栾树（Koelreuteria bipinnata Franch.）	棵			
704-1-4-16	高山柳（Salix cupularis Rehd）	棵			
704-1-4-17	广玉兰（Magnolia grandiflora L.）	棵			

续上表

子目号	子目名称	单位	数量	综合单价	合价
704-1-4-18	桂花(Osmanthus fragrans)	棵			
704-1-4-19	海棠花(Malus spectabilis)	棵			
704-1-4-20	合欢(Albizia julibrissin)	棵			
704-1-4-21	黑荆树(Acacia mearnsii De Wilde)	棵			
704-1-4-22	红枫(Acer palmatum var.atropurpurum)	棵			
704-1-4-23	红花木莲(Manglietia insignis(Wall.)Bl.)	棵			
704-1-4-24	红叶乌桕(Euphorbia cotinifolia L.)	棵			
704-1-4-25	黄槐(Cassia surattensis)	棵			
704-1-4-26	黄连木(Pistacia chinensis)	棵			
704-1-4-27	火烧花(Mayodendron igneum Kurz)	棵			
704-1-4-28	火焰木(Spathodea campanulata)	棵			
704-1-4-29	蜡梅(Chimonanthus praecox)	棵			
704-1-4-30	蓝花楹(Jacaranda mimosifoia)	棵			
704-1-4-31	梨树(Pyrus L.)	棵			
704-1-4-32	栾树(Koelreuteria paniculata)	棵			
704-1-4-33	毛杨梅(大树杨梅 Myrica rubra(Lour.)Sieb.et Zucc.)	棵			
704-1-4-34	南洋杉(Araucaria cunninghamii)	棵			
704-1-4-35	女贞(Ligustrum lucidum)	棵			
704-1-4-36	枇杷(Eriobotrya japonica)	棵			
704-1-4-37	苹果树(Malus pumila Mill.)	棵			
704-1-4-38	球花石楠(Photinia glomerata)	棵			
704-1-4-39	三角枫(Acer buergerianum Miq.)	棵			
704-1-4-40	圣诞树(一品红 Common poinsettia)	棵			
704-1-4-41	湿地松(Pinus elliottii Englem.)	棵			
704-1-4-42	石榴(Punica graanatum)	棵			
704-1-4-43	石楠(Photinia serrulata)	棵			
704-1-4-44	柿子树(Diospyros)	棵			
704-1-4-45	双荚决明(Ssiadi-capsuiaris L)	棵			
704-1-4-46	塔柏(Sabina chinensiscv.Pyramidali)	棵			
704-1-4-47	天竺桂(Cinnamomum pedunculatum)	棵			
704-1-4-48	文冠果(Xanthoceras sorbifolia)	棵			

续上表

子目号	子目名称	单位	数量	综合单价	合价
704-1-4-49	五针松（Pinus parviflora S.et Z.）	棵			
704-1-4-50	香樟（Cinnamomum camphora）	棵			
704-1-4-51	橡皮树（Ficus elastica）	棵			
704-1-4-52	小叶榕（Ficus microcarpa）	棵			
704-1-4-53	雪松（Cedrus deodara）	棵			
704-1-4-54	银杏（Ginkgo）	棵			
704-1-4-55	樱花（Prunus serrulata）	棵			
704-1-4-56	圆柏（Sabina chinensis（L.）Ant.）	棵			
704-1-4-57	云南拟单性木兰（Parakmeria yunnanensis Hu）	棵			
704-1-4-58	云南山茶（Camellia reticulata）	棵			
704-1-4-59	云南松（Pinus yunnanensis）	棵			
704-1-4-60	云南樱花（Prunus cerasoides（D.Don）Sok）	棵			
704-1-4-61	云杉（Picea asperata Mast）	棵			
704-1-4-62	长穗鱼尾葵（Caryota ochlandra Hance）	棵			
704-1-4-63	紫薇（Lagersrromia speciosa）	棵			
704-1-4-64	紫叶李（Prunus cerasifera Ehrhart f. atropurpurea（Jacq.）Rehd.）	棵			
704-1-4-65	棕榈（Trachycarpus fortunei）	棵			
704-1-5	胸径3cm以内乔木，含3cm				
704-1-5-1	白玉兰（Magnolia denudata）	棵			
704-1-5-2	碧桃（Amygdalus persica var.persica f.duplex）	棵			
704-1-5-3	侧柏（Platycladus orientalis（Linn.）Franco）	棵			
704-1-5-4	垂丝海棠（Malus halliana（Voss.）Koehne）	棵			
704-1-5-5	垂叶榕（Ficus benjamina Linn.）	棵			
704-1-5-6	刺柏（Juniperus formosana Hayata）	棵			
704-1-5-7	刺桐（Erythina indica Lam）	棵			
704-1-5-8	灯台树（Bothrocaryum controversum）	棵			
704-1-5-9	滇朴（Celtis kunmingensis Cheng et Hong）	棵			
704-1-5-10	滇杨（Populus yunnanensis Dode）	棵			
704-1-5-11	冬瓜树（桤木 Alnus nepalensis）	棵			
704-1-5-12	冬樱花（Cerasus cerasoides（D.Don）Sok.）	棵			
704-1-5-13	杜英（Elaeocarpus poilanei Gagnep.）	棵			

续上表

子目号	子目名称	单位	数量	综合单价	合价
704-1-5-14	凤凰木(Delonix regia(Boj.)Raf.)	棵			
704-1-5-15	复羽叶栾树(Koelreuteria bipinnata Franch.)	棵			
704-1-5-16	高山柳(Salix cupularis Rehd)	棵			
704-1-5-17	广玉兰(Magnolia grandiflora L.)	棵			
704-1-5-18	桂花(Osmanthus fragrans)	棵			
704-1-5-19	海棠花(Malus spectabilis)	棵			
704-1-5-20	合欢(Albizia julibrissin)	棵			
704-1-5-21	黑荆树(Acacia mearnsii De Wilde)	棵			
704-1-5-22	红枫(Acer palmatum var.atropurpurum)	棵			
704-1-5-23	红花木莲(Manglietia insignis(Wall.)Bl.)	棵			
704-1-5-24	红叶乌桕(Euphorbia cotinifolia L.)	棵			
704-1-5-25	黄槐(Cassia surattensis)	棵			
704-1-5-26	黄连木(Pistacia chinensis)	棵			
704-1-5-27	火烧花(Mayodendron igneum Kurz)	棵			
704-1-5-28	火焰木(Spathodea campanulata)	棵			
704-1-5-29	蜡梅(Chimonanthus praecox)	棵			
704-1-5-30	蓝花楹(Jacaranda mimosifoia)	棵			
704-1-5-31	梨树(Pyrus L.)	棵			
704-1-5-32	栾树(Koelreuteria paniculata)	棵			
704-1-5-33	毛杨梅(大树杨梅 Myrica rubra(Lour.)Sieb. et Zucc.)	棵			
704-1-5-34	南洋杉(Araucaria cunninghamii)	棵			
704-1-5-35	女贞(Ligustrum lucidum)	棵			
704-1-5-36	枇杷(Eriobotrya japonica)	棵			
704-1-5-37	苹果树(Malus pumila Mill.)	棵			
704-1-5-38	球花石楠(Photinia glomerata)	棵			
704-1-5-39	三角枫(Acer buergerianum Miq.)	棵			
704-1-5-40	圣诞树(一品红 Common poinsettia)	棵			
704-1-5-41	湿地松(Pinus elliottii Englem.)	棵			
704-1-5-42	石榴(Punica graanatum)	棵			
704-1-5-43	石楠(Photinia serrulata)	棵			
704-1-5-44	柿子树(Diospyros)	棵			

续上表

续上表

子目号	子目名称	单位	数量	综合单价	合价
704-1-5-45	双荚决明（Ssiadi-capsuiaris L）	棵			
704-1-5-46	塔柏（Sabina chinensiscv.Pyramidali）	棵			
704-1-5-47	天竺桂（Cinnamomum pedunculatum）	棵			
704-1-5-48	文冠果（Xanthoceras sorbifolia）	棵			
704-1-5-49	五针松（Pinus parviflora S.et Z.）	棵			
704-1-5-50	香樟（Cinnamomum camphora）	棵			
704-1-5-51	橡皮树（Ficus elastica）	棵			
704-1-5-52	小叶榕（Ficus microcarpa）	棵			
704-1-5-53	雪松（Cedrus deodara）	棵			
704-1-5-54	银杏（Ginkgo）	棵			
704-1-5-55	樱花（Prunus serrulata）	棵			
704-1-5-56	圆柏（Sabina chinensis（L.）Ant.）	棵			
704-1-5-57	云南拟单性木兰（Parakmeria yunnanensis Hu）	棵			
704-1-5-58	云南山茶（Camellia reticulata）	棵			
704-1-5-59	云南松（Pinus yunnanensis）	棵			
704-1-5-60	云南樱花（Prunus cerasoides（D.Don）Sok）	棵			
704-1-5-61	云杉（Picea asperata Mast）	棵			
704-1-5-62	长穗鱼尾葵（Caryota ochlandra Hance）	棵			
704-1-5-63	紫薇（Lagersrromia speciosa）	棵			
704-1-5-64	紫叶李（Prunus cerasifera Ehrhart f. atropurpurea（Jacq.）Rehd.）	棵			
704-1-5-65	棕榈（Trachycarpus fortunei）	棵			
704-1-6	胸径3~5cm乔木,含5cm				
704-1-6-1	白玉兰（Magnolia denudata）	棵			
704-1-6-2	碧桃（Amygdalus persica var.persica f.duplex）	棵			
704-1-6-3	侧柏（Platycladus orientalis（Linn.）Franco）	棵			
704-1-6-4	垂丝海棠（Malus halliana（Voss.）Koehne）	棵			
704-1-6-5	垂叶榕（Ficus benjamina Linn.）	棵			
704-1-6-6	刺柏（Juniperus formosana Hayata）	棵			
704-1-6-7	刺桐（Erythina indica Lam）	棵			
704-1-6-8	灯台树（Bothrocaryum controversum）	棵			
704-1-6-9	滇朴（Celtis kunmingensis Cheng et Hong）	棵			

续上表

子目号	子目名称	单位	数量	综合单价	合价
704-1-6-10	滇杨（Populus yunnanensis Dode）	棵			
704-1-6-11	冬瓜树（桤木 Alnus nepalensis）	棵			
704-1-6-12	冬樱花（Cerasus cerasoides（D.Don）Sok.）	棵			
704-1-6-13	杜英（Elaeocarpus poilanei Gagnep.）	棵			
704-1-6-14	凤凰木（Delonix regia（Boj.）Raf.）	棵			
704-1-6-15	复羽叶栾树（Koelreuteria bipinnata Franch.）	棵			
704-1-6-16	高山柳（Salix cupularis Rehd）	棵			
704-1-6-17	广玉兰（Magnolia grandiflora L.）	棵			
704-1-6-18	桂花（Osmanthus fragrans）	棵			
704-1-6-19	海棠花（Malus spectabilis）	棵			
704-1-6-20	合欢（Albizia julibrissin）	棵			
704-1-6-21	黑荆树（Acacia mearnsii De Wilde）	棵			
704-1-6-22	红枫（Acer palmatum var.atropurpurum）	棵			
704-1-6-23	红花木莲（Manglietia insignis（Wall.）Bl.）	棵			
704-1-6-24	红叶乌桕（Euphorbia cotinifolia L.）	棵			
704-1-6-25	黄槐（Cassia surattensis）	棵			
704-1-6-26	黄连木（Pistacia chinensis）	棵			
704-1-6-27	火烧花（Mayodendron igneum Kurz）	棵			
704-1-6-28	火焰木（Spathodea campanulata）	棵			
704-1-6-29	蜡梅（Chimonanthus praecox）	棵			
704-1-6-30	蓝花楹（Jacaranda mimosifoia）	棵			
704-1-6-31	梨树（Pyrus L.）	棵			
704-1-6-32	栾树（Koelreuteria paniculata）	棵			
704-1-6-33	毛杨梅（大树杨梅 Myrica rubra（Lour.）Sieb. et Zucc.）	棵			
704-1-6-34	南洋杉（Araucaria cunninghamii）	棵			
704-1-6-35	女贞（Ligustrum lucidum）	棵			
704-1-6-36	枇杷（Eriobotrya japonica）	棵			
704-1-6-37	苹果树（Malus pumila Mill.）	棵			
704-1-6-38	球花石楠（Photinia glomerata）	棵			
704-1-6-39	三角枫（Acer buergerianum Miq.）	棵			
704-1-6-40	圣诞树（一品红 Common poinsettia）	棵			

续上表

子目号	子目名称	单位	数量	综合单价	合价
704-1-6-41	湿地松(Pinus elliottii Englem.)	棵			
704-1-6-42	石榴(Punica graanatum)	棵			
704-1-6-43	石楠(Photinia serrulata)	棵			
704-1-6-44	柿子树(Diospyros)	棵			
704-1-6-45	双荚决明(Ssiadi-capsuiaris L)	棵			
704-1-6-46	塔柏(Sabina chinensiscv.Pyramidali)	棵			
704-1-6-47	天竺桂(Cinnamomum pedunculatum)	棵			
704-1-6-48	文冠果(Xanthoceras sorbifolia)	棵			
704-1-6-49	五针松(Pinus parviflora S.et Z.)	棵			
704-1-6-50	香樟(Cinnamomum camphora)	棵			
704-1-6-51	橡皮树(Ficus elastica)	棵			
704-1-6-52	小叶榕(Ficus microcarpa)	棵			
704-1-6-53	雪松(Cedrus deodara)	棵			
704-1-6-54	银杏(Ginkgo)	棵			
704-1-6-55	樱花(Prunus serrulata)	棵			
704-1-6-56	圆柏(Sabina chinensis(L.)Ant.)	棵			
704-1-6-57	云南拟单性木兰(Parakmeria yunnanensis Hu)	棵			
704-1-6-58	云南山茶(Camellia reticulata)	棵			
704-1-6-59	云南松(Pinus yunnanensis)	棵			
704-1-6-60	云南樱花(Prunus cerasoides(D.Don)Sok)	棵			
704-1-6-61	云杉(Picea asperata Mast)	棵			
704-1-6-62	长穗鱼尾葵(Caryota ochlandra Hance)	棵			
704-1-6-63	紫薇(Lagersrromia speciosa)	棵			
704-1-6-64	紫叶李(Prunus cerasifera Ehrhart f. atropurpurea (Jacq.)Rehd.)	棵			
704-1-6-65	棕榈(Trachycarpus fortunei)	棵			
704-1-7	胸径5~7cm乔木,含7cm				
704-1-7-1	白玉兰(Magnolia denudata)	棵			
704-1-7-2	碧桃(Amygdalus persica var.persica f.duplex)	棵			
704-1-7-3	侧柏(Platycladus orientalis(Linn.)Franco)	棵			
704-1-7-4	垂丝海棠(Malus halliana (Voss.)Koehne)	棵			
704-1-7-5	垂叶榕(Ficus benjamina Linn.)	棵			

续上表

子目号	子目名称	单位	数量	综合单价	合价
704-1-7-6	刺柏(Juniperus formosana Hayata)	棵			
704-1-7-7	刺桐(Erythina indica Lam)	棵			
704-1-7-8	灯台树(Bothrocaryum controversum)	棵			
704-1-7-9	滇朴(Celtis kunmingensis Cheng et Hong)	棵			
704-1-7-10	滇杨(Populus yunnanensis Dode)	棵			
704-1-7-11	冬瓜树(桤木 Alnus nepalensis)	棵			
704-1-7-12	冬樱花(Cerasus cerasoides(D.Don)Sok.)	棵			
704-1-7-13	杜英(Elaeocarpus poilanei Gagnep.)	棵			
704-1-7-14	凤凰木(Delonix regia(Boj.)Raf.)	棵			
704-1-7-15	复羽叶栾树(Koelreuteria bipinnata Franch.)	棵			
704-1-7-16	高山柳(Salix cupularis Rehd)	棵			
704-1-7-17	广玉兰(Magnolia grandiflora L.)	棵			
704-1-7-18	桂花(Osmanthus fragrans)	棵			
704-1-7-19	海棠花(Malus spectabilis)	棵			
704-1-7-20	合欢(Albizia julibrissin)	棵			
704-1-7-21	黑荆树(Acacia mearnsii De Wilde)	棵			
704-1-7-22	红枫(Acer palmatum var.atropurpurum)	棵			
704-1-7-23	红花木莲(Manglietia insignis(Wall.)Bl.)	棵			
704-1-7-24	红叶乌桕(Euphorbia cotinifolia L.)	棵			
704-1-7-25	黄槐(Cassia surattensis)	棵			
704-1-7-26	黄连木(Pistacia chinensis)	棵			
704-1-7-27	火烧花(Mayodendron igneum Kurz)	棵			
704-1-7-28	火焰木(Spathodea campanulata)	棵			
704-1-7-29	蜡梅(Chimonanthus praecox)	棵			
704-1-7-30	蓝花楹(Jacaranda mimosifoia)	棵			
704-1-7-31	梨树(Pyrus L.)	棵			
704-1-7-32	栾树(Koelreuteria paniculata)	棵			
704-1-7-33	毛杨梅(大树杨梅 Myrica rubra(Lour.)Sieb. et Zucc.)	棵			
704-1-7-34	南洋杉(Araucaria cunninghamii)	棵			
704-1-7-35	女贞(Ligustrum lucidum)	棵			
704-1-7-36	枇杷(Eriobotrya japonica)	棵			

续上表

子目号	子目名称	单位	数量	综合单价	合价
704-1-7-37	苹果树（Malus pumila Mill.）	棵			
704-1-7-38	球花石楠（Photinia glomerata）	棵			
704-1-7-39	三角枫（Acer buergerianum Miq.）	棵			
704-1-7-40	圣诞树（一品红 Common poinsettia）	棵			
704-1-7-41	湿地松（Pinus elliottii Englem.）	棵			
704-1-7-42	石榴（Punica graanatum）	棵			
704-1-7-43	石楠（Photinia serrulata）	棵			
704-1-7-44	柿子树（Diospyros）	棵			
704-1-7-45	双荚决明（Ssiadi-capsuiaris L）	棵			
704-1-7-46	塔柏（Sabina chinensiscv.Pyramidali）	棵			
704-1-7-47	天竺桂（Cinnamomum pedunculatum）	棵			
704-1-7-48	文冠果（Xanthoceras sorbifolia）	棵			
704-1-7-49	五针松（Pinus parviflora S.et Z.）	棵			
704-1-7-50	香樟（Cinnamomum camphora）	棵			
704-1-7-51	橡皮树（Ficus elastica）	棵			
704-1-7-52	小叶榕（Ficus microcarpa）	棵			
704-1-7-53	雪松（Cedrus deodara）	棵			
704-1-7-54	银杏（Ginkgo）	棵			
704-1-7-55	樱花（Prunus serrulata）	棵			
704-1-7-56	圆柏（Sabina chinensis（L.）Ant.）	棵			
704-1-7-57	云南拟单性木兰（Parakmeria yunnanensis Hu）	棵			
704-1-7-58	云南山茶（Camellia reticulata）	棵			
704-1-7-59	云南松（Pinus yunnanensis）	棵			
704-1-7-60	云南樱花（Prunus cerasoides（D.Don）Sok）	棵			
704-1-7-61	云杉（Picea asperata Mast）	棵			
704-1-7-62	长穗鱼尾葵（Caryota ochlandra Hance）	棵			
704-1-7-63	紫薇（Lagersrromia speciosa）	棵			
704-1-7-64	紫叶李（Prunus cerasifera Ehrhart f. atropurpurea（Jacq.）Rehd.）	棵			
704-1-7-65	棕榈（Trachycarpus fortunei）	棵			
704-1-8	胸径 7~9cm 乔木，含 9cm				
704-1-8-1	白玉兰（Magnolia denudata）	棵			

续上表

子目号	子目名称	单位	数量	综合单价	合价
704-1-8-2	碧桃（Amygdalus persica var.persica f.duplex）	棵			
704-1-8-3	侧柏（Platycladus orientalis（Linn.）Franco）	棵			
704-1-8-4	垂丝海棠（Malus halliana（Voss.）Koehne）	棵			
704-1-8-5	垂叶榕（Ficus benjamina Linn.）	棵			
704-1-8-6	刺柏（Juniperus formosana Hayata）	棵			
704-1-8-7	刺桐（Erythina indica Lam）	棵			
704-1-8-8	灯台树（Bothrocaryum controversum）	棵			
704-1-8-9	滇朴（Celtis kunmingensis Cheng et Hong）	棵			
704-1-8-10	滇杨（Populus yunnanensis Dode）	棵			
704-1-8-11	冬瓜树（桤木 Alnus nepalensis）	棵			
704-1-8-12	冬樱花（Cerasus cerasoides（D.Don）Sok.）	棵			
704-1-8-13	杜英（Elaeocarpus poilanei Gagnep.）	棵			
704-1-8-14	凤凰木（Delonix regia（Boj.）Raf.）	棵			
704-1-8-15	复羽叶栾树（Koelreuteria bipinnata Franch.）	棵			
704-1-8-16	高山柳（Salix cupularis Rehd）	棵			
704-1-8-17	广玉兰（Magnolia grandiflora L.）	棵			
704-1-8-18	桂花（Osmanthus fragrans）	棵			
704-1-8-19	海棠花（Malus spectabilis）	棵			
704-1-8-20	合欢（Albizia julibrissin）	棵			
704-1-8-21	黑荆树（Acacia mearnsii De Wilde）	棵			
704-1-8-22	红枫（Acer palmatum var.atropurpurum）	棵			
704-1-8-23	红花木莲（Manglietia insignis（Wall.）Bl.）	棵			
704-1-8-24	红叶乌桕（Euphorbia cotinifolia L.）	棵			
704-1-8-25	黄槐（Cassia surattensis）	棵			
704-1-8-26	黄连木（Pistacia chinensis）	棵			
704-1-8-27	火烧花（Mayodendron igneum Kurz）	棵			
704-1-8-28	火焰木（Spathodea campanulata）	棵			
704-1-8-29	蜡梅（Chimonanthus praecox）	棵			
704-1-8-30	蓝花楹（Jacaranda mimosifoia）	棵			
704-1-8-31	梨树（Pyrus L.）	棵			
704-1-8-32	栾树（Koelreuteria paniculata）	棵			
704-1-8-33	毛杨梅（大树杨梅 Myrica rubra（Lour.）Sieb. et Zucc.）	棵			

续上表

子目号	子目名称	单位	数量	综合单价	合价
704-1-8-34	南洋杉（Araucaria cunninghamii）	棵			
704-1-8-35	女贞（Ligustrum lucidum）	棵			
704-1-8-36	枇杷（Eriobotrya japonica）	棵			
704-1-8-37	苹果树（Malus pumila Mill.）	棵			
704-1-8-38	球花石楠（Photinia glomerata）	棵			
704-1-8-39	三角枫（Acer buergerianum Miq.）	棵			
704-1-8-40	圣诞树（一品红 Common poinsettia）	棵			
704-1-8-41	湿地松（Pinus elliottii Englem.）	棵			
704-1-8-42	石榴（Punica graanatum）	棵			
704-1-8-43	石楠（Photinia serrulata）	棵			
704-1-8-44	柿子树（Diospyros）	棵			
704-1-8-45	双荚决明（Ssiadi-capsuiaris L）	棵			
704-1-8-46	塔柏（Sabina chinensiscv.Pyramidali）	棵			
704-1-8-47	天竺桂（Cinnamomum pedunculatum）	棵			
704-1-8-48	文冠果（Xanthoceras sorbifolia）	棵			
704-1-8-49	五针松（Pinus parviflora S.et Z.）	棵			
704-1-8-50	香樟（Cinnamomum camphora）	棵			
704-1-8-51	橡皮树（Ficus elastica）	棵			
704-1-8-52	小叶榕（Ficus microcarpa）	棵			
704-1-8-53	雪松（Cedrus deodara）	棵			
704-1-8-54	银杏（Ginkgo）	棵			
704-1-8-55	樱花（Prunus serrulata）	棵			
704-1-8-56	圆柏（Sabina chinensis（L.）Ant.）	棵			
704-1-8-57	云南拟单性木兰（Parakmeria yunnanensis Hu）	棵			
704-1-8-58	云南山茶（Camellia reticulata）	棵			
704-1-8-59	云南松（Pinus yunnanensis）	棵			
704-1-8-60	云南樱花（Prunus cerasoides（D.Don）Sok）	棵			
704-1-8-61	云杉（Picea asperata Mast）	棵			
704-1-8-62	长穗鱼尾葵（Caryota ochlandra Hance）	棵			
704-1-8-63	紫薇（Lagersrromia speciosa）	棵			
704-1-8-64	紫叶李（Prunus cerasifera Ehrhart f. atropurpurea（Jacq.）Rehd.）	棵			

续上表

子目号	子目名称	单位	数量	综合单价	合价
704-1-8-65	棕榈(Trachycarpus fortunei)	棵			
704-1-9	胸径9~12cm乔木,含12cm				
704-1-9-1	白玉兰(Magnolia denudata)	棵			
704-1-9-2	碧桃(Amygdalus persica var.persica f.duplex)	棵			
704-1-9-3	侧柏(Platycladus orientalis(Linn.)Franco)	棵			
704-1-9-4	垂丝海棠(Malus halliana(Voss.)Koehne)	棵			
704-1-9-5	垂叶榕(Ficus benjamina Linn.)	棵			
704-1-9-6	刺柏(Juniperus formosana Hayata)	棵			
704-1-9-7	刺桐(Erythina indica Lam)	棵			
704-1-9-8	灯台树(Bothrocaryum controversum)	棵			
704-1-9-9	滇朴(Celtis kunmingensis Cheng et Hong)	棵			
704-1-9-10	滇杨(Populus yunnanensis Dode)	棵			
704-1-9-11	冬瓜树(桤木 Alnus nepalensis)	棵			
704-1-9-12	冬樱花(Cerasus cerasoides(D.Don)Sok.)	棵			
704-1-9-13	杜英(Elaeocarpus poilanei Gagnep.)	棵			
704-1-9-14	凤凰木(Delonix regia(Boj.)Raf.)	棵			
704-1-9-15	复羽叶栾树(Koelreuteria bipinnata Franch.)	棵			
704-1-9-16	高山柳(Salix cupularis Rehd)	棵			
704-1-9-17	广玉兰(Magnolia grandiflora L.)	棵			
704-1-9-18	桂花(Osmanthus fragrans)	棵			
704-1-9-19	海棠花(Malus spectabilis)	棵			
704-1-9-20	合欢(Albizia julibrissin)	棵			
704-1-9-21	黑荆树(Acacia mearnsii De Wilde)	棵			
704-1-9-22	红枫(Acer palmatum var.atropurpurum)	棵			
704-1-9-23	红花木莲(Manglietia insignis(Wall.)Bl.)	棵			
704-1-9-24	红叶乌桕(Euphorbia cotinifolia L.)	棵			
704-1-9-25	黄槐(Cassia surattensis)	棵			
704-1-9-26	黄连木(Pistacia chinensis)	棵			
704-1-9-27	火烧花(Mayodendron igneum Kurz)	棵			
704-1-9-28	火焰木(Spathodea campanulata)	棵			
704-1-9-29	蜡梅(Chimonanthus praecox)	棵			
704-1-9-30	蓝花楹(Jacaranda mimosifoia)	棵			

续上表

子目号	子目名称	单位	数量	综合单价	合价
704-1-9-31	梨树（Pyrus L.）	棵			
704-1-9-32	栾树（Koelreuteria paniculata）	棵			
704-1-9-33	毛杨梅（大树杨梅 Myrica rubra（Lour.）Sieb. et Zucc.）	棵			
704-1-9-34	南洋杉（Araucaria cunninghamii）	棵			
704-1-9-35	女贞（Ligustrum lucidum）	棵			
704-1-9-36	枇杷（Eriobotrya japonica）	棵			
704-1-9-37	苹果树（Malus pumila Mill.）	棵			
704-1-9-38	球花石楠（Photinia glomerata）	棵			
704-1-9-39	三角枫（Acer buergerianum Miq.）	棵			
704-1-9-40	圣诞树（一品红 Common poinsettia）	棵			
704-1-9-41	湿地松（Pinus elliottii Englem.）	棵			
704-1-9-42	石榴（Punica graanatum）	棵			
704-1-9-43	石楠（Photinia serrulata）	棵			
704-1-9-44	柿子树（Diospyros）	棵			
704-1-9-45	双荚决明（Ssiadi-capsuiaris L）	棵			
704-1-9-46	塔柏（Sabina chinensiscv.Pyramidali）	棵			
704-1-9-47	天竺桂（Cinnamomum pedunculatum）	棵			
704-1-9-48	文冠果（Xanthoceras sorbifolia）	棵			
704-1-9-49	五针松（Pinus parviflora S.et Z.）	棵			
704-1-9-50	香樟（Cinnamomum camphora）	棵			
704-1-9-51	橡皮树（Ficus elastica）	棵			
704-1-9-52	小叶榕（Ficus microcarpa）	棵			
704-1-9-53	雪松（Cedrus deodara）	棵			
704-1-9-54	银杏（Ginkgo）	棵			
704-1-9-55	樱花（Prunus serrulata）	棵			
704-1-9-56	圆柏（Sabina chinensis（L.）Ant.）	棵			
704-1-9-57	云南拟单性木兰（Parakmeria yunnanensis Hu）	棵			
704-1-9-58	云南山茶（Camellia reticulata）	棵			
704-1-9-59	云南松（Pinus yunnanensis）	棵			
704-1-9-60	云南樱花（Prunus cerasoides（D.Don）Sok）	棵			
704-1-9-61	云杉（Picea asperata Mast）	棵			

续上表

子目号	子目名称	单位	数量	综合单价	合价
704-1-9-62	长穗鱼尾葵（Caryota ochlandra Hance）	棵			
704-1-9-63	紫薇（Lagersrromia speciosa）	棵			
704-1-9-64	紫叶李（Prunus cerasifera Ehrhart f. atropurpurea (Jacq.) Rehd.）	棵			
704-1-9-65	棕榈（Trachycarpus fortunei）	棵			
704-1-10	胸径 12~15cm 乔木，含 15cm				
704-1-10-1	白玉兰（Magnolia denudata）	棵			
704-1-10-2	碧桃（Amygdalus persica var.persica f.duplex）	棵			
704-1-10-3	侧柏（Platycladus orientalis (Linn.) Franco）	棵			
704-1-10-4	垂丝海棠（Malus halliana (Voss.) Koehne）	棵			
704-1-10-5	垂叶榕（Ficus benjamina Linn.）	棵			
704-1-10-6	刺柏（Juniperus formosana Hayata）	棵			
704-1-10-7	刺桐（Erythina indica Lam）	棵			
704-1-10-8	灯台树（Bothrocaryum controversum）	棵			
704-1-10-9	滇朴（Celtis kunmingensis Cheng et Hong）	棵			
704-1-10-10	滇杨（Populus yunnanensis Dode）	棵			
704-1-10-11	冬瓜树（桤木 Alnus nepalensis）	棵			
704-1-10-12	冬樱花（Cerasus cerasoides (D.Don) Sok.）	棵			
704-1-10-13	杜英（Elaeocarpus poilanei Gagnep.）	棵			
704-1-10-14	凤凰木（Delonix regia (Boj.) Raf.）	棵			
704-1-10-15	复羽叶栾树（Koelreuteria bipinnata Franch.）	棵			
704-1-10-16	高山柳（Salix cupularis Rehd）	棵			
704-1-10-17	广玉兰（Magnolia grandiflora L.）	棵			
704-1-10-18	桂花（Osmanthus fragrans）	棵			
704-1-10-19	海棠花（Malus spectabilis）	棵			
704-1-10-20	合欢（Albizia julibrissin）	棵			
704-1-10-21	黑荆树（Acacia mearnsii De Wilde）	棵			
704-1-10-22	红枫（Acer palmatum var.atropurpurum）	棵			
704-1-10-23	红花木莲（Manglietia insignis (Wall.) Bl.）	棵			
704-1-10-24	红叶乌桕（Euphorbia cotinifolia L.）	棵			
704-1-10-25	黄槐（Cassia surattensis）	棵			
704-1-10-26	黄连木（Pistacia chinensis）	棵			

续上表

子目号	子目名称	单位	数量	综合单价	合价
704-1-10-27	火烧花（Mayodendron igneum Kurz）	棵			
704-1-10-28	火焰木（Spathodea campanulata）	棵			
704-1-10-29	蜡梅（Chimonanthus praecox）	棵			
704-1-10-30	蓝花楹（Jacaranda mimosifoia）	棵			
704-1-10-31	梨树（Pyrus L.）	棵			
704-1-10-32	栾树（Koelreuteria paniculata）	棵			
704-1-10-33	毛杨梅（大树杨梅 Myrica rubra（Lour.）Sieb. et Zucc.）	棵			
704-1-10-34	南洋杉（Araucaria cunninghamii）	棵			
704-1-10-35	女贞（Ligustrum lucidum）	棵			
704-1-10-36	枇杷（Eriobotrya japonica）	棵			
704-1-10-37	苹果树（Malus pumila Mill.）	棵			
704-1-10-38	球花石楠（Photinia glomerata）	棵			
704-1-10-39	三角枫（Acer buergerianum Miq.）	棵			
704-1-10-40	圣诞树（一品红 Common poinsettia）	棵			
704-1-10-41	湿地松（Pinus elliottii Englem.）	棵			
704-1-10-42	石榴（Punica graanatum）	棵			
704-1-10-43	石楠（Photinia serrulata）	棵			
704-1-10-44	柿子树（Diospyros）	棵			
704-1-10-45	双荚决明（Ssiadi-capsuiaris L）	棵			
704-1-10-46	塔柏（Sabina chinensiscv.Pyramidali）	棵			
704-1-10-47	天竺桂（Cinnamomum pedunculatum）	棵			
704-1-10-48	文冠果（Xanthoceras sorbifolia）	棵			
704-1-10-49	五针松（Pinus parviflora S.et Z.）	棵			
704-1-10-50	香樟（Cinnamomum camphora）	棵			
704-1-10-51	橡皮树（Ficus elastica）	棵			
704-1-10-52	小叶榕（Ficus microcarpa）	棵			
704-1-10-53	雪松（Cedrus deodara）	棵			
704-1-10-54	银杏（Ginkgo）	棵			
704-1-10-55	樱花（Prunus serrulata）	棵			
704-1-10-56	圆柏（Sabina chinensis（L.）Ant.）	棵			
704-1-10-57	云南拟单性木兰（Parakmeria yunnanensis Hu）	棵			

续上表

子目号	子目名称	单位	数量	综合单价	合价
704-1-10-58	云南山茶(Camellia reticulata)	棵			
704-1-10-59	云南松(Pinus yunnanensis)	棵			
704-1-10-60	云南樱花(Prunus cerasoides(D.Don)Sok)	棵			
704-1-10-61	云杉(Picea asperata Mast)	棵			
704-1-10-62	长穗鱼尾葵(Caryota ochlandra Hance)	棵			
704-1-10-63	紫薇(Lagersrromia speciosa)	棵			
704-1-10-64	紫叶李(Prunus cerasifera Ehrhart f. atropurpurea (Jacq.)Rehd.)	棵			
704-1-10-65	棕榈(Trachycarpus fortunei)	棵			
704-1-11	胸径15~20cm乔木,含20cm				
704-1-11-1	白玉兰(Magnolia denudata)	棵			
704-1-11-2	碧桃(Amygdalus persica var.persica f.duplex)	棵			
704-1-11-3	侧柏(Platycladus orientalis(Linn.)Franco)	棵			
704-1-11-4	垂丝海棠(Malus halliana(Voss.)Koehne)	棵			
704-1-11-5	垂叶榕(Ficus benjamina Linn.)	棵			
704-1-11-6	刺柏(Juniperus formosana Hayata)	棵			
704-1-11-7	刺桐(Erythina indica Lam)	棵			
704-1-11-8	灯台树(Bothrocaryum controversum)	棵			
704-1-11-9	滇朴(Celtis kunmingensis Cheng et Hong)	棵			
704-1-11-10	滇杨(Populus yunnanensis Dode)	棵			
704-1-11-11	冬瓜树(桤木 Alnus nepalensis)	棵			
704-1-11-12	冬樱花(Cerasus cerasoides(D.Don)Sok.)	棵			
704-1-11-13	杜英(Elaeocarpus poilanei Gagnep.)	棵			
704-1-11-14	凤凰木(Delonix regia(Boj.)Raf.)	棵			
704-1-11-15	复羽叶栾树(Koelreuteria bipinnata Franch.)	棵			
704-1-11-16	高山柳(Salix cupularis Rehd)	棵			
704-1-11-17	广玉兰(Magnolia grandiflora L.)	棵			
704-1-11-18	桂花(Osmanthus fragrans)	棵			
704-1-11-19	海棠花(Malus spectabilis)	棵			
704-1-11-20	合欢(Albizia julibrissin)	棵			
704-1-11-21	黑荆树(Acacia mearnsii De Wilde)	棵			
704-1-11-22	红枫(Acer palmatum var.atropurpurum)	棵			

续上表

子目号	子目名称	单位	数量	综合单价	合价
704-1-11-23	红花木莲(Manglietia insignis(Wall.)Bl.)	棵			
704-1-11-24	红叶乌桕(Euphorbia cotinifolia L.)	棵			
704-1-11-25	黄槐(Cassia surattensis)	棵			
704-1-11-26	黄连木(Pistacia chinensis)	棵			
704-1-11-27	火烧花(Mayodendron igneum Kurz)	棵			
704-1-11-28	火焰木(Spathodea campanulata)	棵			
704-1-11-29	蜡梅(Chimonanthus praecox)	棵			
704-1-11-30	蓝花楹(Jacaranda mimosifoia)	棵			
704-1-11-31	梨树(Pyrus L.)	棵			
704-1-11-32	栾树(Koelreuteria paniculata)	棵			
704-1-11-33	毛杨梅(大树杨梅 Myrica rubra(Lour.) Sieb. et Zucc.)	棵			
704-1-11-34	南洋杉(Araucaria cunninghamii)	棵			
704-1-11-35	女贞(Ligustrum lucidum)	棵			
704-1-11-36	枇杷(Eriobotrya japonica)	棵			
704-1-11-37	苹果树(Malus pumila Mill.)	棵			
704-1-11-38	球花石楠(Photinia glomerata)	棵			
704-1-11-39	三角枫(Acer buergerianum Miq.)	棵			
704-1-11-40	圣诞树(一品红 Common poinsettia)	棵			
704-1-11-41	湿地松(Pinus elliottii Englem.)	棵			
704-1-11-42	石榴(Punica graanatum)	棵			
704-1-11-43	石楠(Photinia serrulata)	棵			
704-1-11-44	柿子树(Diospyros)	棵			
704-1-11-45	双荚决明(Ssiadi-capsuiaris L)	棵			
704-1-11-46	塔柏(Sabina chinensiscv.Pyramidali)	棵			
704-1-11-47	天竺桂(Cinnamomum pedunculatum)	棵			
704-1-11-48	文冠果(Xanthoceras sorbifolia)	棵			
704-1-11-49	五针松(Pinus parviflora S.et Z.)	棵			
704-1-11-50	香樟(Cinnamomum camphora)	棵			
704-1-11-51	橡皮树(Ficus elastica)	棵			
704-1-11-52	小叶榕(Ficus microcarpa)	棵			
704-1-11-53	雪松(Cedrus deodara)	棵			

续上表

子目号	子目名称	单位	数量	综合单价	合价
704-1-11-54	银杏（Ginkgo）	棵			
704-1-11-55	樱花（Prunus serrulata）	棵			
704-1-11-56	圆柏（Sabina chinensis（L.）Ant.）	棵			
704-1-11-57	云南拟单性木兰（Parakmeria yunnanensis Hu）	棵			
704-1-11-58	云南山茶（Camellia reticulata）	棵			
704-1-11-59	云南松（Pinus yunnanensis）	棵			
704-1-11-60	云南樱花（Prunus cerasoides（D.Don）Sok）	棵			
704-1-11-61	云杉（Picea asperata Mast）	棵			
704-1-11-62	长穗鱼尾葵（Caryota ochlandra Hance）	棵			
704-1-11-63	紫薇（Lagersrromia speciosa）	棵			
704-1-11-64	紫叶李（Prunus cerasifera Ehrhart f. atropurpurea（Jacq.）Rehd.）	棵			
704-1-11-65	棕榈（Trachycarpus fortunei）	棵			
704-1-12	胸径20~30cm乔木，含30cm				
704-1-12-1	大树杨梅（毛杨梅 Myrica esculenta Buch.-Ham.）	棵			
704-1-12-2	大叶榕（Ficus hookeriana）	棵			
704-1-12-3	滇柳（Salix rehderiana Schneid.）	棵			
704-1-12-4	滇杨（Populus yunnanensis Dode）	棵			
704-1-12-5	凤凰木（Delonix regia（Boj.）Raf.）	棵			
704-1-12-6	黄葛榕（Ficus lacor Buch-Ham.）	棵			
704-1-12-7	君迁子（Diospyros lotus Linn.）	棵			
704-1-12-8	梅子树（Prunus mume Sieb.et Zucc.）	棵			
704-1-12-9	攀枝花 Bombax malabaricum DC.（Gossampinus malabarica）	棵			
704-1-12-10	山合欢（Albizia kalkora（Roxb.）Prain）	棵			
704-1-12-11	香樟（Cinnamomum camphora（Linn.）Presl）	棵			
704-1-12-12	云南樟（Cinnamomum glanduliferum（Wall.）Nees）	棵			
704-1-13	胸径30~40cm乔木，含40cm				
704-1-13-1	滇杨（Populus yunnanensis Dode）	棵			
704-1-13-2	分叉露兜树（Pandanus furcatus Roxb.）	棵			
704-1-13-3	旱冬瓜（Alnus nepalensis D.Don）	棵			
704-1-13-4	加拿利海枣（Phoenix canariensis Hort EX Chaub）	棵			

续上表

子目号	子目名称	单位	数量	综合单价	合价
704-1-14	胸径40cm以上乔木				
704-1-14-1	漆树(Toxicodendron vernicifluum(Stokes)F. A. Barkl.)	棵			
704-2	栽植灌木及多年生草本				
704-2-1	高度30cm以内,含30cm,密植				
704-2-1-1	八角金盘(Fatsia japonica)	m²			
704-2-1-2	芭蕉(Musa basjoo)	m²			
704-2-1-3	白三叶(Trrifolium repens L.)	m²			
704-2-1-4	变叶木(C.variegatum)	m²			
704-2-1-5	春鹃(Rhododendron simsii)	m²			
704-2-1-6	葱兰(Zephyranthes candida Lindl.Herrb.)	m²			
704-2-1-7	德国鸢尾(Iris germanica Linn.)	m²			
704-2-1-8	滇橄榄(余甘子 Phyllanthus emblica Linn.)	m²			
704-2-1-9	短叶麦冬(Ophiopogon japonicus(L.f.)Ker-Gawl.)	m²			
704-2-1-10	扶桑(Hibiscus rosasinensis)	m²			
704-2-1-11	福建茶(Carmona microphylla(Lam.)Don)	m²			
704-2-1-12	高原鸢尾(Iris collettii Hook.f.)	m²			
704-2-1-13	含笑(Michelia fiogo)	m²			
704-2-1-14	红花檵木(Lorpetalum chindensevar.rubrum)	m²			
704-2-1-15	红花酢浆草(Oxalis rubra st.Hil.)	m²			
704-2-1-16	红桑(Acalypha wikesiana)	m²			
704-2-1-17	红叶石楠(Photinia serrulata)	m²			
704-2-1-18	红叶小檗(Berberis thunbergii cv.atropurpurea)	m²			
704-2-1-19	花叶良姜(Alpinia sanderae Hort.)	m²			
704-2-1-20	黄金叶(Duranta repens cv.Dwarf Yellow)	m²			
704-2-1-21	黄牡丹(Paeonia delavayi var.lutea)	m²			
704-2-1-22	黄叶假连翘(Duranta repens 'Variegata')	m²			
704-2-1-23	火棘(Pyracantha fortuneana(Maxim.)Li)	m²			
704-2-1-24	戟叶酸模(Rumex hastatus D.Don)	m²			
704-2-1-25	夹竹桃(Nerium indicum Mill.)	m²			
704-2-1-26	金边龙舌兰(Agave americanavar.Marginata)	m²			

续上表

子目号	子目名称	单位	数量	综合单价	合价
704-2-1-27	金森女贞（Ligustrum japonicum'Howardii'）	m²			
704-2-1-28	金丝梅（Hypericum patulum Thunb.）	m²			
704-2-1-29	金丝桃（Hypericum monogynum L.）	m²			
704-2-1-30	金叶假连翘（Duranta repens cv.'Variegata'）	m²			
704-2-1-31	金叶连翘（Forsythia 'Koreanna''Sawon Gold'）	m²			
704-2-1-32	金叶女贞（Ligustrum japonicum'Vicaryi'）	m²			
704-2-1-33	菊花（Dendranthema morifolium（Ramat.）Tzvel.）	m²/棵			
704-2-1-34	昆明杜鹃（Rhododendron fortunei Lindl.）	m²			
704-2-1-35	连翘（Forsythia suspensa）	m²			
704-2-1-36	亮毛杜鹃（Rhododendron microphyton Franch.）	m²			
704-2-1-37	六月雪（Serissa japonica）	m²			
704-2-1-38	马缨丹（Lantana camara Linn.）	m²			
704-2-1-39	满地黄金（Arachis pintoi）	m²			
704-2-1-40	满天星（Cuphea hyssopifolia H.B.K.）	m²			
704-2-1-41	毛叶丁香（Syringa pubescens Turcz.）	m²			
704-2-1-42	毛叶杜鹃（Rhododendron championae Hook.）	m²			
704-2-1-43	玫瑰（Rose rugosa）	m²			
704-2-1-44	美人蕉（Canna indica）	m²			
704-2-1-45	木槿（Hibiscus syriacus）	m²			
704-2-1-46	南天竹（Nandina domestica）	m²			
704-2-1-47	坡柳（车桑子，Name：Dodonaea viscosa（Linn.）Jacq.）	m²			
704-2-1-48	软枝黄婵（Allamanda cathartica L.）	m²			
704-2-1-49	肾蕨（Nephrolepis cordifolia）	m²			
704-2-1-50	十姊妹蔷薇（Rosa multiflora Thunb.）	m²			
704-2-1-51	丝兰（Yucca smalliana.L.）	m²			
704-2-1-52	四季报春（Primula obconica Hance.）	m²			
704-2-1-53	苏铁（Cycas revoluta Thunb.）	m²			
704-2-1-54	小叶女贞（Ligustrum quihoui）	m²			
704-2-1-55	小叶栀子花（Gardenia jasminoides cv.prostrata）	m²			
704-2-1-56	雪山杜鹃（Rhododendron aganniphum）	m²			
704-2-1-57	鸭脚木（Schefflera octophylla（Lour.）Harms.）	m²			

续上表

子目号	子目名称	单位	数量	综合单价	合价
704-2-1-58	野蔷薇（Rosa multiflora Thunb.）	m²			
704-2-1-59	叶子花（Bougainvillea spectabilis Willd.）	m²			
704-2-1-60	银合欢（Leucaena leucocephala(Lam.)de Wit）	m²			
704-2-1-61	迎春（Jasminum nudiflorum Lindl.）	m²			
704-2-1-62	云南杜鹃（Rhododendron yunnanense Franch.）	m²			
704-2-1-63	栀子花（Gardenia jasminoides Ellis）	m²			
704-2-1-64	朱蕉（Cordylie fruticosa(L.)A.Cheval.）	m²			
704-2-1-65	紫萼（Hosta ventricosa(Salisb.)Stearn）	m²			
704-2-1-66	紫堇（Corydalis edulis Maxim.）	m²			
704-2-1-67	紫叶小檗（Berberis thunbergii cv.Atropurpurea Rehd.）	m²			
704-2-2	冠幅30~50cm以内，含50cm				
704-2-2-1	八角金盘（Fatsia japonica）	棵			
704-2-2-2	芭蕉（Musa basjoo）	棵			
704-2-2-3	白三叶（Trrifolium repens L.）	棵			
704-2-2-4	变叶木（C.variegatum）	棵			
704-2-2-5	春鹃（Rhododendron simsii）	棵			
704-2-2-6	葱兰（Zephyranthes candida Lindl.Herrb.）	棵			
704-2-2-7	德国鸢尾（Iris germanica Linn.）	棵			
704-2-2-8	滇橄榄（余甘子 Phyllanthus emblica Linn.）	棵			
704-2-2-9	短叶麦冬（Ophiopogon japonicus(L.f.)Ker-Gawl.）	棵			
704-2-2-10	扶桑（Hibiscus rosasinensis）	棵			
704-2-2-11	福建茶（Carmona microphylla(Lam.)Don）	棵			
704-2-2-12	高原鸢尾（Iris collettii Hook.f.）	棵			
704-2-2-13	含笑（Michelia fiogo）	棵			
704-2-2-14	红花檵木（Lorpetalum chindensevar.rubrum）	棵			
704-2-2-15	红花酢浆草（Oxalis rubra st.Hil.）	棵			
704-2-2-16	红桑（Acalypha wikesiana）	棵			
704-2-2-17	红叶石楠（Photinia serrulata）	棵			
704-2-2-18	红叶小檗（Berberis thunbergii cv.atropurpurea）	棵			
704-2-2-19	花叶良姜（Alpinia sanderae Hort.）	棵			

续上表

子目号	子目名称	单位	数量	综合单价	合价
704-2-2-20	黄金叶（Duranta repens cv.Dwarf Yellow）	棵			
704-2-2-21	黄牡丹（Paeonia delavayi var.lutea）	棵			
704-2-2-22	黄叶假连翘（Duranta repens 'Variegata'）	棵			
704-2-2-23	火棘（Pyracantha fortuneana （Maxim.）Li）	棵			
704-2-2-24	戟叶酸模（Rumex hastatus D.Don）	棵			
704-2-2-25	夹竹桃（Nerium indicum Mill.）	棵			
704-2-2-26	金边龙舌兰（Agave americanavar.Marginata）	棵			
704-2-2-27	金森女贞（Ligustrum japonicum'Howardii'）	棵			
704-2-2-28	金丝梅（Hypericum patulum Thunb.）	棵			
704-2-2-29	金丝桃（Hypericum monogynum L.）	棵			
704-2-2-30	金叶假连翘（Duranta repens cv.'Variegata'）	棵			
704-2-2-31	金叶连翘（Forsythia 'Koreanna''Sawon Gold'）	棵			
704-2-2-32	金叶女贞（Ligustrum japonicum'Vicaryi'）	棵			
704-2-2-33	菊花（Dendranthema morifolium（Ramat.）Tzvel.）	棵			
704-2-2-34	昆明杜鹃（Rhododendron fortunei Lindl.）	棵			
704-2-2-35	连翘（Forsythia suspensa）	棵			
704-2-2-36	亮毛杜鹃（Rhododendron microphyton Franch.）	棵			
704-2-2-37	六月雪（Serissa japonica）	棵			
704-2-2-38	马缨丹（Lantana camara Linn.）	棵			
704-2-2-39	满地黄金（Arachis pintoi）	棵			
704-2-2-40	满天星（Cuphea hyssopifolia H.B.K.）	棵			
704-2-2-41	毛叶丁香（Syringa pubescens Turcz.）	棵			
704-2-2-42	毛叶杜鹃（Rhododendron championae Hook.）	棵			
704-2-2-43	玫瑰（Rose rugosa）	棵			
704-2-2-44	美人蕉（Canna indica）	棵			
704-2-2-45	木槿（Hibiscus syriacus）	棵			
704-2-2-46	南天竹（Nandina domestica）	棵			
704-2-2-47	坡柳（车桑子，Name：Dodonaea viscosa（Linn.）Jacq.）	棵			
704-2-2-48	软枝黄婵（Allamanda cathartica L.）	棵			
704-2-2-49	肾蕨（Nephrolepis cordifolia）	棵			
704-2-2-50	十姊妹蔷薇（Rosa multiflora Thunb.）	棵			

续上表

子目号	子目名称	单位	数量	综合单价	合价
704-2-2-51	丝兰(Yucca smalliana.L.)	棵			
704-2-2-52	四季报春(Primula obconica Hance.)	棵			
704-2-2-53	苏铁(Cycas revoluta Thunb.)	棵			
704-2-2-54	小叶女贞(Ligustrum quihoui)	棵			
704-2-2-55	小叶栀子花(Gardenia jasminoides cv.prostrata)	棵			
704-2-2-56	雪山杜鹃(Rhododendron aganniphum)	棵			
704-2-2-57	鸭脚木(Schefflera octophylla(Lour.)Harms.)	棵			
704-2-2-58	野蔷薇(Rosa multiflora Thunb.)	棵			
704-2-2-59	叶子花(Bougainvillea spectabilis Willd.)	棵			
704-2-2-60	银合欢(Leucaena leucocephala(Lam.)de Wit)	棵			
704-2-2-61	迎春(Jasminum nudiflorum Lindl.)	棵			
704-2-2-62	云南杜鹃(Rhododendron yunnanense Franch.)	棵			
704-2-2-63	栀子花(Gardenia jasminoides Ellis)	棵			
704-2-2-64	朱蕉(Cordylie fruticosa(L.)A.Cheval.)	棵			
704-2-2-65	紫萼(Hosta ventricosa(Salisb.)Stearn)	棵			
704-2-2-66	紫堇(Corydalis edulis Maxim.)	棵			
704-2-2-67	紫叶小檗(Berberis thunbergii cv.Atropurpurea Rehd.)	棵			
704-2-3	冠幅50~80cm以内,含80cm				
704-2-3-1	芭蕉(Musa basjoo)	棵			
704-2-3-2	茶梅(Camellia sasanqua Thunb.)	棵			
704-2-3-3	春鹃(Rhododendron simsii)	棵			
704-2-3-4	大白花杜鹃(Rhododendron decorum Fr.)	棵			
704-2-3-5	大叶黄杨球(Buxus microphylla Sieb.et Zucc)	棵			
704-2-3-6	扶桑(Hibiscus rosasinensis)	棵			
704-2-3-7	枸骨(Ilex cornuta Lindl.et Paxt.)	棵			
704-2-3-8	海桐球(Pittosporum tobira)	棵			
704-2-3-9	含笑(Michelia figo(Lour.)Spreng.)	棵			
704-2-3-10	红花檵木(Loropetalum chinense var.rubrum)	棵			
704-2-3-11	红千层(Crimoson bottle brush)	棵			
704-2-3-12	红叶李(Prunus cerasifera Ehrh.'Atropurpurea')	棵			
704-2-3-13	红叶石楠(Photinia serrulata)	棵			
704-2-3-14	黄金叶(Duranta repens cv.Dwarf Yellow)	棵			

续上表

子目号	子目名称	单位	数量	综合单价	合价
704-2-3-15	火棘球（Pyracantha fortuneana）	棵			
704-2-3-16	夹竹桃（Nerium indicum Mill.）	棵			
704-2-3-17	剑麻（Agave Sisalana）	棵			
704-2-3-18	金叶女贞（Ligustrum japonicum'Vicaryi'）	棵			
704-2-3-19	蜡梅（Chimonanthus praecox）	棵			
704-2-3-20	连翘（Forsythia suspensa）	棵			
704-2-3-21	旅人蕉（madagascariensis）	棵			
704-2-3-22	马缨花（Rhododendron delavayi Franch）	棵			
704-2-3-23	毛叶丁香（Syringa pubescens）	棵			
704-2-3-24	玫瑰（Rose rugosa）	棵			
704-2-3-25	美人蕉（Canna indica）	棵			
704-2-3-26	木槿（Hibiscus syriacus）	棵			
704-2-3-27	南天竹（Nandina domestica）	棵			
704-2-3-28	球花石楠（Photinia glomerata Rehd.et Wils.）	棵			
704-2-3-29	沙棘（Hippophae rhamnoides L.）	棵			
704-2-3-30	山茶（Camellia japonica）	棵			
704-2-3-31	山梅花（Philadelphus incanus koehne）	棵			
704-2-3-32	四季桂（Osmanthus fragrans var.semperflorens）	棵			
704-2-3-33	苏铁（Cycasrevoluta Thunb）	棵			
704-2-3-34	贴梗海棠（Chaenomeles speciosa）	棵			
704-2-3-35	小叶女贞（Ligustrum quihoui）	棵			
704-2-3-36	叶子花（Bougainvillea spectabilis Willd.）	棵			
704-2-3-37	迎春（Jasminum nudiflorum Lindl.）	棵			
704-2-3-38	云南含笑（Michelia yunnanensis）	棵			
704-2-3-39	云南黄馨（Jasminum mesnyi Hance.）	棵			
704-2-3-40	云南紫荆（Cercis chinensis Bunge）	棵			
704-2-4	冠幅80~120cm以内，含120cm				
704-2-4-1	芭蕉（Musa basjoo）	棵			
704-2-4-2	茶梅（Camellia sasanqua Thunb.）	棵			
704-2-4-3	春鹃（Rhododendron simsii）	棵			
704-2-4-4	大白花杜鹃（Rhododendron decorum Fr.）	棵			
704-2-4-5	大叶黄杨球（Buxus microphylla Sieb.et Zucc）	棵			

续上表

子目号	子目名称	单位	数量	综合单价	合价
704-2-4-6	扶桑（Hibiscus rosasinensis）	棵			
704-2-4-7	枸骨（Ilex cornuta Lindl.et Paxt.）	棵			
704-2-4-8	海桐球（Pittosporum tobira）	棵			
704-2-4-9	含笑（Michelia figo（Lour.）Spreng.）	棵			
704-2-4-10	红花檵木（Loropetalum chinense var.rubrum）	棵			
704-2-4-11	红千层（Crimoson bottle brush）	棵			
704-2-4-12	红叶李（Prunus cerasifera Ehrh.'Atropurpurea'）	棵			
704-2-4-13	红叶石楠（Photinia serrulata）	棵			
704-2-4-14	黄金叶（Duranta repens cv.Dwarf Yellow）	棵			
704-2-4-15	火棘球（Pyracantha fortuneana）	棵			
704-2-4-16	夹竹桃（Nerium indicum Mill.）	棵			
704-2-4-17	剑麻（Agave Sisalana）	棵			
704-2-4-18	金叶女贞（Ligustrum japonicum'Vicaryi'）	棵			
704-2-4-19	蜡梅（Chimonanthus praecox）	棵			
704-2-4-20	连翘（Forsythia suspensa）	棵			
704-2-4-21	旅人蕉（madagascariensis）	棵			
704-2-4-22	马缨花（Rhododendron delavayi Franch）	棵			
704-2-4-23	毛叶丁香（Syringa pubescens）	棵			
704-2-4-24	玫瑰（Rose rugosa）	棵			
704-2-4-25	美人蕉（Canna indica）	棵			
704-2-4-26	木槿（Hibiscus syriacus）	棵			
704-2-4-27	南天竹（Nandina domestica）	棵			
704-2-4-28	球花石楠（Photinia glomerata Rehd.et Wils.）	棵			
704-2-4-29	沙棘（Hippophae rhamnoides L.）	棵			
704-2-4-30	山茶（Camellia japonica）	棵			
704-2-4-31	山梅花（Philadelphus incanus koehne）	棵			
704-2-4-32	四季桂（Osmanthus fragrans var.semperflorens）	棵			
704-2-4-33	苏铁（Cycasrevoluta Thunb）	棵			
704-2-4-34	贴梗海棠（Chaenomeles speciosa）	棵			
704-2-4-35	小叶女贞（Ligustrum quihoui）	棵			
704-2-4-36	叶子花（Bougainvillea spectabilis Willd.）	棵			
704-2-4-37	迎春（Jasminum nudiflorum Lindl.）	棵			

续上表

子目号	子目名称	单位	数量	综合单价	合价
704-2-4-38	云南含笑（Michelia yunnanensis）	棵			
704-2-4-39	云南黄馨（Jasminum mesnyi Hance.）	棵			
704-2-4-40	云南紫荆（Cercis chinensis Bunge）	棵			
704-2-5	冠幅120cm以上灌木				
704-2-5-1	芭蕉（Musa basjoo）	棵			
704-2-5-2	茶梅（Camellia sasanqua Thunb.）	棵			
704-2-5-3	春鹃（Rhododendron simsii）	棵			
704-2-5-4	大白花杜鹃（Rhododendron decorum Fr.）	棵			
704-2-5-5	大叶黄杨球（Buxus microphylla Sieb.et Zucc）	棵			
704-2-5-6	扶桑（Hibiscus rosasinensis）	棵			
704-2-5-7	枸骨（Ilex cornuta Lindl.et Paxt.）	棵			
704-2-5-8	海桐球（Pittosporum tobira）	棵			
704-2-5-9	含笑（Michelia figo（Lour.）Spreng.）	棵			
704-2-5-10	红花檵木（Loropetalum chinense var.rubrum）	棵			
704-2-5-11	红千层（Crimoson bottle brush）	棵			
704-2-5-12	红叶李（Prunus cerasifera Ehrh.'Atropurpurea'）	棵			
704-2-5-13	红叶石楠（Photinia serrulata）	棵			
704-2-5-14	黄金叶（Duranta repens cv.Dwarf Yellow）	棵			
704-2-5-15	火棘球（Pyracantha fortuneana）	棵			
704-2-5-16	夹竹桃（Nerium indicum Mill.）	棵			
704-2-5-17	剑麻（Agave Sisalana）	棵			
704-2-5-18	金叶女贞（Ligustrum japonicum'Vicaryi'）	棵			
704-2-5-19	蜡梅（Chimonanthus praecox）	棵			
704-2-5-20	连翘（Forsythia suspensa）	棵			
704-2-5-21	旅人蕉（madagascariensis）	棵			
704-2-5-22	马缨花（Rhododendron delavayi Franch）	棵			
704-2-5-23	毛叶丁香（Syringa pubescens）	棵			
704-2-5-24	玫瑰（Rose rugosa）	棵			
704-2-5-25	美人蕉（Canna indica）	棵			
704-2-5-26	木槿（Hibiscus syriacus）	棵			
704-2-5-27	南天竹（Nandina domestica）	棵			
704-2-5-28	球花石楠（Photinia glomerata Rehd.et Wils.）	棵			

续上表

子目号	子目名称	单位	数量	综合单价	合价
704-2-5-29	沙棘（Hippophae rhamnoides L.）	棵			
704-2-5-30	山茶（Camellia japonica）	棵			
704-2-5-31	山梅花（Philadelphus incanus koehne）	棵			
704-2-5-32	四季桂（Osmanthus fragrans var.semperflorens）	棵			
704-2-5-33	苏铁（Cycasrevoluta Thunb）	棵			
704-2-5-34	贴梗海棠（Chaenomeles speciosa）	棵			
704-2-5-35	小叶女贞（Ligustrum quihoui）	棵			
704-2-5-36	叶子花（Bougainvillea spectabilis Willd.）	棵			
704-2-5-37	迎春（Jasminum nudiflorum Lindl.）	棵			
704-2-5-38	云南含笑（Michelia yunnanensis）	棵			
704-2-5-39	云南黄馨（Jasminum mesnyi Hance.）	棵			
704-2-5-40	云南紫荆（Cercis chinensis Bunge）	棵			
704-2-6	栽植塔柏(Sabina chinensis(L.)Ant.cv.Pyramidalis)				
704-2-6-1	高80cm以内塔柏,含80cm	棵			
704-2-6-2	高80~100cm以内塔柏,含100cm	棵			
704-2-6-3	高100~120cm以内塔柏,含120cm	棵			
704-2-6-4	高120~140cm以内塔柏,含140cm	棵			
704-2-6-5	高140~160cm以内塔柏,含160cm	棵			
704-2-6-6	高160~180cm以内塔柏,含180cm	棵			
704-2-6-7	高180~200cm以内塔柏,含200cm	棵			
704-2-7	栽植龙柏（Sabina chinensis(L.)Ant.cv.Kaizuca）				
704-2-7-1	地径4~5cm,高160~180cm以内龙柏,含180cm,底冠80~90cm,顶冠30~40cm	棵			
704-3	**栽植攀缘植物**				
704-3-1	藤长30cm以内,含30cm				
704-3-1-1	常春藤（Hedera nepalensis）	棵			
704-3-1-2	地石榴（薜荔,Ficus pumila Linn.）	棵			
704-3-1-3	扶芳藤（Euonymus fortunei（Turcz.）Hand.-Mazz.）	棵			
704-3-1-4	葛藤（Pueraria lobata）	棵			
704-3-1-5	龟背竹（Monstera deliciosa）	棵			
704-3-1-6	红花西番莲（Passiflora coccinea）	棵			
704-3-1-7	花叶蔓长春（Vinca major'Variegata'）	棵			

续上表

子目号	子目名称	单位	数量	综合单价	合价
704-3-1-8	美国凌霄（Campsis radicans）	棵			
704-3-1-9	爬山虎（Parthenocissus tricuspidata）	棵			
704-3-1-10	炮仗花（Pyrostegiaignea）	棵			
704-3-1-11	五叶地锦（Parthenocissus quinquefolia（L.）Planch.）	棵			
704-3-1-12	野蔷薇（Rosa multiflora Thunb.）	棵			
704-3-1-13	油麻藤（Caulis Mucunae）	棵			
704-3-1-14	月季（Rosa chinese）	棵			
704-3-1-15	云南素馨（Jasminum yunnanense Jien ex P.Y.Bai）	棵			
704-3-1-16	紫藤（Wisteria sinensis（Sims）Sweet）	棵			
704-3-2	藤长30~50cm,含50cm				
704-3-2-1	常春藤（Hedera nepalensis）	棵			
704-3-2-2	地石榴（薜荔,Ficus pumila Linn.）	棵			
704-3-2-3	扶芳藤（Euonymus fortunei（Turcz.）Hand.-Mazz.）	棵			
704-3-2-4	葛藤（Pueraria lobata）	棵			
704-3-2-5	龟背竹（Monstera deliciosa）	棵			
704-3-2-6	红花西番莲（Passiflora coccinea）	棵			
704-3-2-7	花叶蔓长春（Vinca major'Variegata'）	棵			
704-3-2-8	美国凌霄（Campsis radicans）	棵			
704-3-2-9	爬山虎（Parthenocissus tricuspidata）	棵			
704-3-2-10	炮仗花（Pyrostegiaignea）	棵			
704-3-2-11	五叶地锦（Parthenocissus quinquefolia（L.）Planch.）	棵			
704-3-2-12	野蔷薇（Rosa multiflora Thunb.）	棵			
704-3-2-13	油麻藤（Caulis Mucunae）	棵			
704-3-2-14	月季（Rosa chinese）	棵			
704-3-2-15	云南素馨（Jasminum yunnanense Jien ex P.Y.Bai）	棵			
704-3-2-16	紫藤（Wisteria sinensis（Sims）Sweet）	棵			
704-3-3	藤长50~80cm,含80cm				
704-3-3-1	常春藤（Hedera nepalensis）	棵			
704-3-3-2	地石榴（薜荔,Ficus pumila Linn.）	棵			
704-3-3-3	扶芳藤（Euonymus fortunei（Turcz.）Hand.-Mazz.）	棵			
704-3-3-4	葛藤（Pueraria lobata）	棵			
704-3-3-5	龟背竹（Monstera deliciosa）	棵			

续上表

子目号	子目名称	单位	数量	综合单价	合价
704-3-3-6	红花西番莲(Passiflora coccinea)	棵			
704-3-3-7	花叶蔓长春(Vinca major'Variegata')	棵			
704-3-3-8	美国凌霄(Campsis radicans)	棵			
704-3-3-9	爬山虎(Parthenocissus tricuspidata)	棵			
704-3-3-10	炮仗花(Pyrostegiaignea)	棵			
704-3-3-11	五叶地锦(Parthenocissus quinquefolia(L.)Planch.)	棵			
704-3-3-12	野蔷薇(Rosa multiflora Thunb.)	棵			
704-3-3-13	油麻藤(Caulis Mucunae)	棵			
704-3-3-14	月季(Rosa chinese)	棵			
704-3-3-15	云南素馨(Jasminum yunnanense Jien ex P.Y.Bai)	棵			
704-3-3-16	紫藤(Wisteria sinensis(Sims)Sweet)	棵			
704-3-4	藤长80~120cm,含120cm				
704-3-4-1	常春藤(Hedera nepalensis)	棵			
704-3-4-2	地石榴(薜荔,Ficus pumila Linn.)	棵			
704-3-4-3	扶芳藤(Euonymus fortunei(Turcz.)Hand.-Mazz.)	棵			
704-3-4-4	葛藤(Pueraria lobata)	棵			
704-3-4-5	龟背竹(Monstera deliciosa)	棵			
704-3-4-6	红花西番莲(Passiflora coccinea)	棵			
704-3-4-7	花叶蔓长春(Vinca major'Variegata')	棵			
704-3-4-8	美国凌霄(Campsis radicans)	棵			
704-3-4-9	爬山虎(Parthenocissus tricuspidata)	棵			
704-3-4-10	炮仗花(Pyrostegiaignea)	棵			
704-3-4-11	五叶地锦(Parthenocissus quinquefolia(L.)Planch.)	棵			
704-3-4-12	野蔷薇(Rosa multiflora Thunb.)	棵			
704-3-4-13	油麻藤(Caulis Mucunae)	棵			
704-3-4-14	月季(Rosa chinese)	棵			
704-3-4-15	云南素馨(Jasminum yunnanense Jien ex P.Y.Bai)	棵			
704-3-4-16	紫藤(Wisteria sinensis(Sims)Sweet)	棵			
704-3-5	藤长120cm以上				
704-3-5-1	常春藤(Hedera nepalensis)	棵			

续上表

子目号	子目名称	单位	数量	综合单价	合价
704-3-5-2	地石榴(薜荔,Ficus pumila Linn.)	棵			
704-3-5-3	扶芳藤(Euonymus fortunei(Turcz.)Hand.-Mazz.)	棵			
704-3-5-4	葛藤(Pueraria lobata)	棵			
704-3-5-5	龟背竹(Monstera deliciosa)	棵			
704-3-5-6	红花西番莲(Passiflora coccinea)	棵			
704-3-5-7	花叶蔓长春(Vinca major'Variegata')	棵			
704-3-5-8	美国凌霄(Campsis radicans)	棵			
704-3-5-9	爬山虎(Parthenocissus tricuspidata)	棵			
704-3-5-10	炮仗花(Pyrostegiaignea)	棵			
704-3-5-11	五叶地锦(Parthenocissus quinquefolia(L.)Planch.)	棵			
704-3-5-12	野蔷薇(Rosa multiflora Thunb.)	棵			
704-3-5-13	油麻藤(Caulis Mucunae)	棵			
704-3-5-14	月季(Rosa chinese)	棵			
704-3-5-15	云南素馨(Jasminum yunnanense Jien ex P.Y.Bai)	棵			
704-3-5-16	紫藤(Wisteria sinensis(Sims)Sweet)	棵			
704-4	**栽植竹类**				
704-4-1	散生竹类				
704-4-1-1	斑竹(Phyllostachys bambusoides cv.Tanakae)	棵			
704-4-1-2	刚竹(Phyllostachys viridis(Young)Mc Clure.)	棵			
704-4-1-3	黄金间碧竹(Bambusa vulgaris Schrader ex Wendland cv.Vittata Mc Clure)	棵			
704-4-1-4	灰金竹(Phyllostachys sulphurea)	棵			
704-4-1-5	金竹(Phyllostachys sulphurea)	棵			
704-4-1-6	毛竹(Phyllostachys pubescens)	棵			
704-4-1-7	人面竹(Phyllostachys pubescens var.heterocycla)	棵			
704-4-1-8	紫竹(Phyllostachys nigra)	棵			
704-4-2	丛生竹类				
704-4-2-1	大佛肚竹(Bambusa vulgaris)	棵			
704-4-2-2	钓鱼慈竹(Neosinocalamus affinis)	棵			
704-4-2-3	凤尾竹(Bambusa multiplex var.nana)	棵			
704-4-2-4	金竹(Phyllostachys sulphurea)	棵			

续上表

子目号	子目名称	单位	数量	综合单价	合价
704-4-2-5	苦竹（Pleioblastus amarus）	棵			
704-4-2-6	料慈竹（Bambusa distegia）	棵			
704-4-2-7	龙竹（Dendrocalamus barbatus）	棵			
704-4-2-8	马亨箭竹（Fargesia communis Yi）	棵			
704-4-2-9	小佛肚竹（Bambusa ventricosa 'Nana'）	棵			
704-4-2-10	云南箭竹（Fargesia meanostachys）	棵			
704-4-3	混生竹类				
704-4-3-1	倒栽竹（Dendrocalamus semiscandens）	棵			
704-4-3-2	筇竹（Qiongzhuea tumidinoda）	棵			
704-4-3-3	云南方竹（Chimonobambusa yunnanensis）	棵			
705	**植物养护和管理**				
706	**声屏障**				
706-1	**基础**				
706-1-1	现浇混凝土基础及横梁				
706-1-1-1	C20 混凝土	m³			
706-1-1-2	C25 混凝土	m³			
706-1-1-3	C30 混凝土	m³			
706-1-2	钢筋				
706-1-2-1	光圆钢筋（HPB300）	kg			
706-1-2-2	带肋钢筋（HRB400）	kg			
706-1-3	锚杆螺栓植入				
706-1-3-1	螺栓	kg			
706-2	**立柱**				
706-2-1	型钢立柱				
706-2-1-1	冷镀锌喷塑型钢	kg			
706-2-1-2	喷塑型钢	kg			
706-2-2	铝合金立柱				
706-2-2-1	喷涂铝合金	kg			
706-2-2-2	铝合金	kg			
706-2-3	现浇钢筋混凝土立柱				
706-2-3-1	C20 混凝土	m³			
706-2-3-2	C25 混凝土	m³			

续上表

子目号	子目名称	单位	数量	综合单价	合价
706-2-3-3	C30 混凝土	m³			
706-2-4	预制安装钢筋混凝土立柱				
706-2-4-1	C20 混凝土	m³			
706-2-4-2	C25 混凝土	m³			
706-2-4-3	C30 混凝土	m³			
706-3	**边框**				
706-3-1	型钢				
706-3-1-1	冷镀锌喷塑	kg			
706-3-1-2	喷塑型钢	kg			
706-3-2	铝合金				
706-3-2-1	喷涂铝合金	kg			
706-3-2-2	铝合金	kg			
706-4	**加劲板**				
706-4-1	型钢（板）				
706-4-1-1	冷镀锌喷塑	kg			
706-4-1-2	喷塑型钢	kg			
706-4-2	铝合金板（槽）				
706-4-2-1	喷涂铝合金	kg			
706-4-2-2	铝合金	kg			
706-5	**吸声板**				
706-5-1	复合彩钢板平壁型	m²			
706-5-2	复合彩钢板凸凹型	m²			
706-5-3	复合彩钢板凸凹穿孔型	m²			
706-5-4	复合彩钢板凸凹开孔型	m²			
706-5-5	复合彩钢板凸凹百叶型	m²			
706-5-6	复合彩钢板凸凹穿孔百叶型	m²			
706-5-7	铝合金百叶型	m²			
706-5-8	铝合金凸凹穿孔百叶型	m²			
706-5-9	铝合金凸凹穿孔型	m²			
706-5-10	混凝土板	m²			
706-6	**隔声板**				
706-6-1	环氧树脂玻璃钢	m²			

续上表

子目号	子目名称	单位	数量	综合单价	合价
706-6-2	不饱和聚酯树脂玻璃钢	m²			
706-6-3	双钢化夹层玻璃	m²			
706-6-4	PC板	m²			
706-6-5	亚克力板	m²			
706-6-6	混凝土板	m²			
706-7	**隔噪墙**				
706-7-1	砌块类型				
706-7-1-1	普通黏土砖	m³			
706-7-1-2	空心砖	m³			
706-7-1-3	槽型预制块	m³			
706-7-2	混凝土板类型				
706-7-2-1	预制安装 C20 钢筋混凝土	m³			
706-7-2-2	预制安装 C25 钢筋混凝土	m³			
706-7-2-3	预制安装 C30 钢筋混凝土	m³			
706-7-2-4	现浇 C20 钢筋混凝土	m³			
706-7-2-5	现浇 C25 钢筋混凝土	m³			
706-7-2-6	现浇 C30 钢筋混凝土	m³			
706-7-3	简易型				
706-7-3-1	土堤	m³			
706-7-3-2	钢筋笼填废渣	m³			
707	**景观小品**				
707-1	**景观石**				
707-1-1	中景观石(0.5~1.5t)	块			
707-1-2	大景观石(1.5~3t)	块			
707-1-3	特大景观石(7t以上)	块			
707-2	**点缀石**	块			
707-3	**堆砌石假山**	t			
清单 第700章合计 人民币_____					

8 第800章 公路沿线管理用房设施

清单 第800章 公路沿线管理用房设施					
子目号	子目名称	单位	数量	综合单价	合价
801	**通则**				
802	**建筑工程**				
802-1	**土(石)方工程**				
802-1-1	土方工程	m^3			
802-1-2	石方工程	m^3			
802-1-3	土石方运输与回填	m^3			
802-2	**桩与地基基础工程**				
802-2-1	预制钢筋混凝土桩	m			
802-2-2	混凝土灌注桩	m			
802-2-3	碎石桩	m			
802-2-4	灰土挤密桩	m			
802-2-5	旋喷桩	m			
802-2-6	喷粉桩	m			
802-2-7	地下连续墙	m^3			
802-2-8	地基强夯	m^2			
802-2-9	锚杆支护	m^2			
802-2-10	土钉支护	m^2			
802-3	**砌筑工程**				
802-3-1	砖基础	m^3			
802-3-2	实心砖砌体	m^3			
802-3-3	填充墙	m^3			
802-3-4	砖窨井、检查井、砖水池、化粪池	座			
802-3-5	空心砖砌体	m^3			
802-3-6	石基础	m^3			
802-3-7	石砌体	m^3			
802-3-8	砖散水、地坪	m^2			
802-3-9	砖地沟、明沟	m			
802-3-10	石地沟、明沟	m			

续上表

子目号	子目名称	单位	数量	综合单价	合价
802-4	混凝土及钢筋混凝土工程				
802-4-1	现浇混凝土基础	m³			
802-4-2	现浇混凝土柱	m³			
802-4-3	现浇混凝土梁	m³			
802-4-4	现浇混凝土墙	m³			
802-4-5	现浇混凝土板	m³			
802-4-6	现浇混凝土楼梯	m³			
802-4-7	现浇混凝土其他构件	m³			
802-4-8	后浇带	m³			
802-4-9	预制混凝土柱	m³			
802-4-10	预制混凝土梁	m³			
802-4-11	预制混凝土屋架	m³			
802-4-12	预制混凝土板	m³			
802-4-13	预制混凝土楼梯	m³			
802-4-14	其他预制构件	m³			
802-4-15	混凝土构筑物	m³			
802-4-16	钢筋及预应力钢材	t			
802-4-17	螺栓、铁件				
802-4-17-1	螺栓	t			
802-4-17-2	铁件	t			
802-5	厂库房大门、特种门、木结构工程				
802-5-1	厂库房大门、特种门				
802-5-1-1	木板大门	m²			
802-5-1-2	钢木大门	m²			
802-5-1-3	全钢板大门	m²			
802-5-1-4	特种门	m²			
802-5-2	木屋架				
802-5-2-1	木屋架	榀			
802-5-2-2	钢木屋架	榀			
802-5-3	木构件	m³			
802-6	金属结构工程				
802-6-1	钢屋架、钢网架	t			

续上表

子目号	子目名称	单位	数量	综合单价	合价
802-6-2	钢托架、钢桁架	t			
802-6-3	钢柱	t			
802-6-4	钢梁	t			
802-6-5	压型钢板楼板、墙板				
802-6-5-1	压型钢板楼板	m^2			
802-6-5-2	压型钢板墙板	m^2			
802-6-6	钢构件	t			
802-6-7	金属网	m^2			
802-7	**屋面及防水工程**				
802-7-1	瓦、型材屋面				
802-7-1-1	瓦屋面	m^2			
802-7-1-2	型材屋面	m^2			
802-7-1-3	膜结构屋面	m^2			
802-7-2	屋面防水				
802-7-2-1	屋面卷材防水	m^2			
802-7-2-2	屋面涂膜防水	m^2			
802-7-2-3	屋面刚性防水	m^2			
802-7-2-4	屋面排水管	m			
802-7-2-5	屋面天沟、沿沟	m^2			
802-7-3	墙、地面防水、防潮				
802-7-3-1	卷材防水	m^2			
802-7-3-2	涂膜防水	m^2			
802-8	**防腐、隔热、保温工程**				
802-8-1	防腐面层				
802-8-1-1	防腐混凝土面层	m^2			
802-8-1-2	防腐砂浆面层	m^2			
802-8-1-3	防腐胶泥面层	m^2			
802-8-1-4	玻璃钢防腐面层	m^2			
802-8-1-5	聚氯乙烯板面层	m^2			
802-8-1-6	块料防腐面层	m^2			
802-8-2	其他防腐				
802-8-2-1	隔离层	m^2			

续上表

子目号	子目名称	单位	数量	综合单价	合价
802-8-2-2	砌筑沥青浸渍砖	m³			
802-8-2-3	防腐涂料	m²			
802-8-3	隔热、保温				
802-8-3-1	保温隔热屋面	m²			
802-8-3-2	保温隔热天棚	m²			
802-8-3-3	保温隔热墙	m²			
802-8-3-4	隔热楼地面	m²			
803	装饰装修工程				
803-1	楼地面工程				
803-1-1	整体面层				
803-1-1-1	水泥砂浆楼地面	m²			
803-1-1-2	现浇水磨石楼地面	m²			
803-1-1-3	细石混凝土楼地面	m²			
803-1-2	块料面层				
803-1-2-1	石材楼地面	m²			
803-1-2-2	块料楼地面	m²			
803-1-3	橡塑面层	m²			
803-1-4	其他材料面层				
803-1-4-1	楼地面地毯	m²			
803-1-4-2	竹木地板	m²			
803-1-4-3	防静电活动地板	m²			
803-1-4-4	金属复合地板	m²			
803-1-5	踢脚线				
803-1-5-1	石材踢脚线	m²			
803-1-5-2	块料踢脚线	m²			
803-1-5-3	塑料踢脚线	m²			
803-1-5-4	木质踢脚线	m²			
803-1-5-5	金属踢脚线	m²			
803-1-5-6	防静电踢脚线	m²			
803-1-6	楼梯装饰				
803-1-6-1	石材楼梯面层	m²			
803-1-6-2	块料楼梯面层	m²			

续上表

子目号	子目名称	单位	数量	综合单价	合价
803-1-6-3	水泥砂浆楼梯面	m²			
803-1-6-4	现浇水磨石楼梯面	m²			
803-1-6-5	地毯楼梯面	m²			
803-1-6-6	木板楼梯面	m²			
803-1-7	扶手、栏杆、栏板装饰				
803-1-7-1	金属扶手带栏杆、拦板	m			
803-1-7-2	硬木扶手带栏杆、拦板	m			
803-1-7-3	塑料扶手带栏杆、拦板	m			
803-1-8	台阶装饰				
803-1-8-1	石材台阶面	m²			
803-1-8-2	块料台阶面	m²			
803-1-8-3	水泥砂浆台阶面	m²			
803-1-8-4	现浇水磨石台阶面	m²			
803-1-9	零星装饰项目				
803-1-9-1	石材零星项目	m²			
803-1-9-2	碎拼石材零星项目	m²			
803-1-9-3	块料零星项目	m²			
803-1-9-4	水泥砂浆零星项目	m²			
803-2	墙、柱面工程				
803-2-1	墙面抹灰	m²			
803-2-2	柱面抹灰	m²			
803-2-3	零星抹灰	m²			
803-2-4	墙面镶贴块料				
803-2-4-1	石材墙面	m²			
803-2-4-2	碎拼石材墙面	m²			
803-2-4-3	块料墙面	m²			
803-2-5	柱面镶贴块料				
803-2-5-1	石材柱面	m²			
803-2-5-2	碎拼石材柱面	m²			
803-2-5-3	块料柱面	m²			
803-2-6	零星镶贴块料				
803-2-6-1	石材零星项目	m²			

续上表

子目号	子目名称	单位	数量	综合单价	合价
803-2-6-2	碎拼石材零星项目	m^2			
803-2-6-3	块料零星项目	m^2			
803-2-7	墙饰面	m^2			
803-2-8	柱(梁)饰面	m^2			
803-2-9	隔断	m^2			
803-2-10	幕墙				
803-2-10-1	带骨架幕墙	m^2			
803-2-10-2	全玻幕墙	m^2			
803-3	**天棚工程**				
803-3-1	天棚抹灰	m^2			
803-3-2	天棚吊顶				
803-3-2-1	天棚吊顶	m^2			
803-3-2-2	格栅吊顶	m^2			
803-3-2-3	吊筒吊顶	m^2			
803-3-2-4	网架(装饰)吊顶	m^2			
803-3-3	天棚其他装饰				
803-3-3-1	灯带	m^2			
803-3-3-2	送风口、回风口	个			
803-4	**门窗工程**				
803-4-1	木门				
803-4-1-1	镶板木门	樘/m^2			
803-4-1-2	实木装饰门	樘/m^2			
803-4-1-3	胶合板门	樘/m^2			
803-4-1-4	夹板装饰门	樘/m^2			
803-4-1-5	木纱门	樘/m^2			
803-4-2	金属门				
803-4-2-1	金属平开门	樘/m^2			
803-4-2-2	金属推拉门	樘/m^2			
803-4-2-3	金属地弹门	樘/m^2			
803-4-2-4	彩板门	樘/m^2			
803-4-2-5	塑钢门	樘/m^2			
803-4-2-6	防盗门	樘/m^2			

续上表

子目号	子目名称	单位	数量	综合单价	合价
803-4-3	金属卷帘门				
803-4-3-1	金属卷闸门	樘/m²			
803-4-3-2	金属格栅门	樘/m²			
803-4-4	其他门				
803-4-4-1	电子感应门	樘/m²			
803-4-4-2	转门	樘/m²			
803-4-4-3	电子对讲门	樘/m²			
803-4-4-4	电动伸缩门	樘/m²			
803-4-4-5	全玻门(带扇座)	樘/m²			
803-4-4-6	全玻自由门(无扇座)	樘/m²			
803-4-4-7	半玻门(带扇座)	樘/m²			
803-4-5	木窗	樘/m²			
803-4-6	金属窗				
803-4-6-1	金属推拉窗	樘/m²			
803-4-6-2	金属平开窗	樘/m²			
803-4-6-3	金属固定窗	樘/m²			
803-4-6-4	金属百叶窗	樘/m²			
803-4-6-5	金属组合窗	樘/m²			
803-4-6-6	塑钢窗	樘/m²			
803-4-7	门窗套				
803-4-7-1	木门窗套	m²			
803-4-7-2	金属门窗套	m²			
803-4-7-3	石材门窗套	m²			
803-4-7-4	门窗木贴脸	m²			
803-4-8	窗帘盒、窗帘轨				
803-4-8-1	木窗帘盒	m			
803-4-8-2	饰面夹板、塑料窗帘盒	m			
803-4-8-3	金属窗帘盒	m			
803-4-8-4	窗帘轨	m			
803-4-9	窗台板				
803-4-9-1	木窗台板	m			
803-4-9-2	铝塑窗台板	m			

续上表

子目号	子目名称	单位	数量	综合单价	合价
803-4-9-3	石材窗台板	m			
803-4-9-4	金属窗台板	m			
803-5	**油漆、涂料、裱糊工程**				
803-5-1	门油漆	樘/m^2			
803-5-2	窗油漆	樘/m^2			
803-5-3	木扶手及其他板条线条油漆	m			
803-5-4	木材面油漆	m^2			
803-5-5	金属面油漆	t			
803-5-6	抹灰面油漆				
803-5-6-1	抹灰面油漆	m^2			
803-5-6-2	抹灰线条油漆	m			
803-5-7	喷塑、涂料	m^2			
803-5-8	花饰、线条刷涂料				
803-5-8-1	空花格、栏杆刷涂料	m^2			
803-5-8-2	线条刷涂料	m			
803-5-9	裱糊	m^2			
803-6	**其他工程**				
803-6-1	柜类、货架				
803-6-1-1	柜台	个			
803-6-1-2	酒柜	个			
803-6-1-3	衣柜	个			
803-6-1-4	书柜	个			
803-6-1-5	木壁柜	个			
803-6-1-6	收银台	个			
803-6-1-7	货架	个			
803-6-1-8	书架	个			
803-6-2	浴厕配件				
803-6-2-1	洗漱台	m^2			
803-6-2-2	晒衣架	套			
803-6-2-3	帘子杆	套			
803-6-2-4	浴缸拉手	套			
803-6-2-5	毛巾杆(架)	套			

续上表

子目号	子目名称	单位	数量	综合单价	合价
803-6-2-6	毛巾环	副			
803-6-2-7	卫生纸盒	个			
803-6-2-8	肥皂盒	个			
803-6-2-9	镜面玻璃	m²			
803-6-2-10	镜箱	个			
803-6-3	压条、装饰线				
803-6-3-1	金属装饰线	m			
803-6-3-2	木质装饰线	m			
803-6-3-3	石材装饰线	m			
803-6-3-4	石膏装饰线	m			
803-6-3-5	镜面玻璃线	m			
803-6-3-6	铝塑装饰线	m			
803-6-3-7	塑料装饰线	m			
803-6-4	雨篷、旗杆				
803-6-4-1	雨篷吊挂饰面	m²			
803-6-4-2	金属旗杆	根			
803-6-5	招牌、灯箱				
803-6-5-1	平面、箱式招牌	m²			
803-6-5-2	竖式标箱	个			
803-6-5-3	灯箱	个			
803-6-6	美术字				
803-6-6-1	泡沫塑料字	个			
803-6-6-2	有机玻璃字	个			
803-6-6-3	木质字	个			
803-6-6-4	金属字	个			
804	**安装工程**				
804-1	**机械设备安装工程**				
804-1-1	电梯				
804-1-1-1	交流电梯	部			
804-1-1-2	直流电梯	部			
804-1-1-3	小型杂货电梯	部			
804-1-1-4	自动扶梯	台			

续上表

子目号	子目名称	单位	数量	综合单价	合价
804-1-2	风机				
804-1-2-1	离心式通风机	台			
804-1-2-2	离心式引风机	台			
804-1-2-3	轴流通风机	台			
804-1-2-4	回转式鼓风机	台			
804-1-2-5	离心式鼓风机	台			
804-1-3	泵				
804-1-3-1	离心式泵	台			
804-1-3-2	计量泵	台			
804-1-3-3	真空泵	台			
804-1-3-4	简易移动潜水泵	台			
804-1-4	其他机械				
804-1-4-1	溴化锂吸收式制冷机	台			
804-1-4-2	制冰设备	台			
804-1-4-3	冷风机	台			
804-1-4-4	柴油发电机组	台			
804-1-4-5	电动机	台			
804-2	电气设备安装工程				
804-2-1	控制设备及低压电器安装				
804-2-1-1	控制屏	台			
804-2-1-2	低压开关柜	台			
804-2-1-3	控制台	台			
804-2-1-4	控制箱	台			
804-2-1-5	配电箱	台			
804-2-1-6	控制开关	个			
804-2-1-7	小电器	个/套			
804-2-2	蓄电池安装	个			
804-2-3	电机检查接线及调试				
804-2-3-1	发电机	台			
804-2-3-2	普通小型直流电动机	台			
804-2-3-3	普通交流同步电动机	台			
804-2-3-4	电动机组	组			

续上表

子目号	子目名称	单位	数量	综合单价	合价
804-2-4	电缆安装				
804-2-4-1	电力电缆	m			
804-2-4-2	控制电缆	m			
804-2-4-3	电缆保护管	m			
804-2-4-4	电缆桥架	m			
804-2-4-5	电缆支架	t			
804-2-5	防雷及接地装置				
804-2-5-1	接地装置	项			
804-2-5-2	避雷装置	项			
804-2-6	电气调整试验				
804-2-6-1	避雷器、电容器	套			
804-2-6-2	接地装置	套			
804-2-7	配管、配线				
804-2-7-1	电气配管	m			
804-2-7-2	线槽	m			
804-2-7-3	电气配线	m			
804-2-8	照明器具安装				
804-2-8-1	普通吸顶灯及其他灯具	套			
804-2-8-2	装饰灯	套			
804-2-8-3	路灯	套			
804-2-8-4	广场灯	套			
804-2-8-5	高杆灯	套			
804-3	**静置设备与工艺金属结构制作安装工程**				
804-3-1	静置设备制作				
804-3-1-1	容器制作	台			
804-3-2	静置设备安装				
804-3-2-1	分片、分段容器	台			
804-3-2-2	整体容器	台			
804-3-2-3	空气冷却器	台			
804-3-2-4	污水处理设备	台			
804-3-3	工艺金属结构制作安装	t			
804-4	**工业管道工程**				

续上表

子目号	子目名称	单位	数量	综合单价	合价
804-4-1	低压管道	m			
804-4-2	中压管道	m			
804-4-3	高压管道	m			
804-4-4	低压管件	个			
804-4-5	中压管件	个			
804-4-6	高压管件	个			
804-4-7	低压阀门	个			
804-4-8	中压阀门	个			
804-4-9	高压阀门	个			
804-4-10	低压法兰	副			
804-4-11	中压法兰	副			
804-4-12	高压法兰	副			
804-4-13	板卷管制作	t			
804-4-14	管件制作	t			
804-4-15	管架件制作	kg			
804-5	**消防工程**				
804-5-1	水灭火系统	套			
804-5-2	气体灭火系统	套			
804-5-3	泡沫灭火系统	套			
804-5-4	管道支架制作安装	kg			
804-5-5	火灾自动报警系统	套			
804-5-6	消防系统调试	系统			
804-6	**给排水、采暖、燃气工程**				
804-6-1	给排水、采暖、燃气管道				
804-6-1-1	镀锌钢管	m			
804-6-1-2	钢管	m			
804-6-1-3	承插铸铁管	m			
804-6-1-4	塑料管	m			
804-6-1-5	承插水泥管	m			
804-6-1-6	不锈钢管	m			
804-6-2	管道支架制作安装	kg			
804-6-3	管道附件				

续上表

子目号	子目名称	单位	数量	综合单价	合价
804-6-3-1	螺纹阀门	个			
804-6-3-2	螺纹法兰阀门	个			
804-6-3-3	焊接法兰阀门	个			
804-6-3-4	水表	个			
804-6-4	卫生器具制作安装				
804-6-4-1	浴盆	组			
804-6-4-2	洗脸盆	组			
804-6-4-3	洗手盆	组			
804-6-4-4	洗涤盆	组			
804-6-4-5	淋浴器	组			
804-6-4-6	淋浴间	套			
804-6-4-7	烘手机	套			
804-6-4-8	大便器	套			
804-6-4-9	小便器	套			
804-6-4-10	水箱制作安装	套			
804-6-4-11	排水栓	组			
804-6-4-12	水龙头	个			
804-6-4-13	地漏	个			
804-6-4-14	热水器	台			
804-6-4-15	开水炉	台			
804-6-4-16	冷热水混合器	套			
804-6-4-17	电消毒器	台			
804-6-4-18	饮水器	套			
804-6-5	燃气器具				
804-6-5-1	燃气开水炉	台			
804-6-5-2	燃气快速热水器	台			
804-6-5-3	燃气灶具	台			
804-7	**通风空调工程**				
804-7-1	通风机空调设备及部件制作安装				
804-7-1-1	空气加热器(冷却器)	台			
804-7-1-2	通风机	台			
804-7-1-3	空调器	台			

续上表

子目号	子目名称	单位	数量	综合单价	合价
804-7-2	通风管道制作安装	m²			
804-7-3	通风管道部件制作安装	个			
804-7-4	通风工程检测、调试	系统			
804-8	**通信线路工程**				
804-8-1	通信线路工程				
804-8-1-1	塑料管道	km			
804-8-1-2	钢管管道	km			
804-8-1-3	通信管道混凝土包封	m³			
804-8-1-4	人孔	个			
804-8-1-5	手孔	个			
804-8-1-6	立通信电杆	根			
804-8-1-7	架空光缆	km			
804-8-1-8	埋式光缆	km			
804-8-1-9	架空电缆	km			
804-8-1-10	埋式电缆	km			
804-8-2	建筑与建筑群综合布线				
804-8-2-1	钢管	m			
804-8-2-2	硬质PVC管	m			
804-8-2-3	金属软管	根			
804-8-2-4	金属线槽	m			
804-8-2-5	塑料线槽	m			
804-8-2-6	线盒	个			
804-8-2-7	底盒	个			
804-8-2-8	接线箱	个			
804-8-2-9	信息插座	个			
清单 第800章合计 人民币_____					

9 第900章 监控系统

清单 第900章 监控系统					
子目号	子目名称	单位	数量	综合单价	合价
901	**监控系统专项费用**				
901-1	工厂监造费(暂列金额)	总额			
901-2	培训费(暂列金额)	总额			
901-3	联网测试费(暂列金额)	总额			
901-4	联合设计费(暂列金额)	总额			
901-5	系统测试费(暂列金额)	总额			
902	**监控中心**				
902-1	服务器				
902-1-1	区别服务器的性能,CPU数量及容量,内存、硬盘容量,插件要求,显示器、光驱、软驱、网卡及接口等要求设置细目	套			
…		套			
902-2	磁盘阵列				
902-2-1	区分磁盘阵列的性能,储存容量、单机磁盘数量设置细目	套			
…		套			
902-3	交通监控计算机				
902-3-1	区别计算机的性能,CPU、内存、硬盘容量,图像采集性能,显示器、光驱、软驱及网卡等要求设置细目	套			
…		套			
902-4	通信控制计算机				
902-4-1	区别计算机的性能,CPU、内存、硬盘容量,图像采集性能,显示器、光驱、软驱及网卡等要求设置细目	套			
…		套			
902-5	图形计算机				
902-5-1	区别计算机的CPU、内存、硬盘容量,图像采集性能,显示器、光驱、软驱及网卡等要求设置细目	套			
…		套			

续上表

子目号	子目名称	单位	数量	综合单价	合价
902-6	多串口卡				
902-6-1	区分多串口卡的型号及总线接口数量、接口形式、端口速度等设置细目	套			
…		套			
902-7	路由器				
902-7-1	区分路由器的性能、端口数量及内存、接口形式、路由协议等设置细目	台			
…		台			
902-8	以太网交换机				
902-8-1	区分交换机的性能、端口数量、接口形式等设置细目	台			
…		台			
902-9	激光打印机				
902-9-1	区分打印机的打印速度、打印分辨率、打印模块功能、打印幅宽要求等设置细目	台			
…		台			
902-10	彩色喷墨打印机				
902-10-1	区分打印机的打印速度、打印分辨率、打印模块功能、打印幅宽要求等设置细目	台			
…		台			
902-11	针式打印机				
902-11-1	区分打印机的打印方式、打印头及分辨率、打印速度、打印幅宽方式、纸宽要求等设置细目	台			
…		台			
902-12	彩色扫描仪				
902-12-1	区分扫描仪的基本外形规格、光学分辨率、色彩数、灰度级、速度、最大扫描幅宽等设置彩色扫描仪的细目	台			
…		台			
902-13	交流不间断电源(UPS)				
902-13-1	区分型号,额定容量,输出电压、频率,稳压精度,波形要求,供电时间设置UPS的细目	台			
…		台			
902-14	交流稳压器				
902-14-1	区分输入范围宽、输出精度及波形、响应速度、环境要求等设置交流稳压器的细目	台			

续上表

子目号	子目名称	单位	数量	综合单价	合价
...		台			
902-15	**19"标准机柜**				
902-15-1	区分机柜的材质、规格、型号设置机柜的细目	套			
...		套			
902-16	**数字硬盘录像机**				
902-16-1	嵌入式				
902-16-1-1	区分硬盘卡式、容量、主要功能及视音频分辨率设置硬盘录像机的细目	台			
...		台			
902-16-2	PC式				
902-16-2-1	区分硬盘录像机的规格型号、容量、录像方式、主要功能及视音频分辨率设置硬盘录像机的细目	台			
...		台			
902-17	**视频分配器**				
902-17-1	区分视频分配器的输入、输出信号数量,接口类型等设置细目	台			
...		台			
902-18	**级联视频数据光端机**				
902-18-1	区分光端机的种类、传输口数量、接口类型、音频规格等设置细目	套			
...		套			
902-19	**光端机**				
902-19-1	区分光端机的种类、传输EI口数量、接口类型、网络拓扑方式等设置细目	套			
...		套			
902-20	**光缆终端盒**				
902-20-1	区分光缆终端盒的规格型号、孔数、配线型号等设置细目	个			
...		个			
902-21	**尾纤**				
902-21-1	区分尾纤的型号、模数、芯数、长度等设置细目	根			
...		根			
902-22	**跳纤**				
902-22-1	区分跳纤的型号、模数、芯数、长度等设置细目	根			
...		根			

续上表

子目号	子目名称	单位	数量	综合单价	合价
902-23	光纤收发器				
902-23-1	区分光纤收发器的型号、规格、传输距离、光纤类型、芯数、波长、接口等设置细目	台			
…		台			
903	监控系统软件				
903-1	操作系统软件				
903-1-1	区分操作系统的应用领域、类型、主要功能、硬件结构设置细目	套			
…		套			
903-2	应用软件				
903-2-1	区分应用软件的应用领域、类型、主要功能、控制点数设置细目	套			
…		套			
904	大屏幕投影系统				
904-1	投影仪				
904-1-1	区分投影仪的型号、亮度、分辨率、带宽、对比度、扫描频率、投影距离等设置细目	台			
…		台			
904-2	投影屏幕				
904-2-1	区分投影屏幕的规格、屏幕单元规格及成像原理、亮度、分辨率、对比度、角度等设置细目	个			
…		个			
904-3	网络图像处理器				
904-3-1	区别网络图像处理器的性能,CPU数量及容量,内存、硬盘容量,插件要求,视频信号的输入制式及数量,输出数量,其他主要功能等要求设置细目	套			
…		套			
904-4	RGB矩阵切换器				
904-4-1	区别RGB矩阵切换器的带宽、亮度色度干扰,切换速度,AV显示信号类型,输入输出阻抗,最大DC补偿、回波损耗等要求设置细目	台			
…		台			
904-5	大屏幕控制软件	套			
905	地图板				
905-1	区别地图板的屏体及模块规格尺寸,屏面线形,安装方式,控制方式,机架、屏架、屏面材质,屏面制作工艺等设置细目	套			

续上表

子目号	子目名称	单位	数量	综合单价	合价
…		套			
906	**综合控制台**				
906-1	**综合控制台**				
906-1-1	区别综合控制台的材质、规格尺寸、操作位数量、设备安装方式、内置功能要求等设置细目	套			
…		套			
906-2	**椅子**				
906-2-1	区别椅子的骨架、面料材质、规格尺寸等设置细目	把			
…		把			
907	**闭路电视系统**				
907-1	**彩色摄像机**				
907-1-1	固定点摄像机				
907-1-1-1	区别摄像机的类型、防护罩规格及功能要求、分辨率、镜头类型及变焦倍数、外观、照度、可视距离等设置细目	套			
…		套			
907-1-2	匀速球型摄像机				
907-1-2-1	区别摄像机的类型、防护罩规格及功能要求、分辨率、镜头类型及变焦倍数、外观、照度、可视距离、云台等设置细目	套			
…		套			
907-1-3	高速球型摄像机				
907-1-3-1	区别摄像机的类型、防护罩规格及功能要求、分辨率、镜头类型及变焦倍数、外观、照度、可视距离、云台等设置细目	套			
…		套			
907-1-4	立柱				
907-1-4-1	区别立柱的材质、类型,最大横截面,悬臂长度,高度,调位功能等设置细目	套			
…		套			
907-2	**视频控制矩阵**				
907-2-1	区别视频控制矩阵的型号、主要功能、输入输出路数等设置细目	套			
…		套			
907-3	**彩色监视器**				

续上表

子目号	子目名称	单位	数量	综合单价	合价
907-3-1	嵌入式落地机架幕墙				
907-3-1-1	区别机架幕墙的骨架主材、防腐要求、整体幕墙三维几何尺寸等设置细目	m²			
…		m²			
907-3-2	彩色监视器				
907-3-2-1	区别彩色监视器的规格、型号、清晰度、显像方式等设置细目	台			
…		台			
907-4	数字硬盘录像机				
907-4-1	区别数字硬盘录像机的硬盘卡式,容量,硬盘个数,压缩、备份方式等设置硬盘录像机的细目	台			
…		台			
907-5	视频编码器/解码器				
907-5-1	区别视频编码器/解码器的性能,规格、型号,编码方式,传输方式及速率,组网方式等要求设置细目	对			
…		对			
907-6	视频分配器				
907-6-1	区别视频分配器的型号,输入、输出信号数量,接口类型等设置细目	台			
…		台			
907-7	多画面分割器				
907-7-1	区别多画面分割器的型号、功能、图像制式、输入输出通道数量、分辨率等设置细目	套			
…		套			
907-8	立柱				
907-8-1	区别立柱的材质、类型、最大横截面,悬臂长度,高度等设置细目	套			
…		套			
908	车辆检测器				
908-1	环形线圈车辆检测器				
908-1-1	区别环形线圈车辆检测器的功能、性能,通道数量等设置细目	套			
909	信息显示设备				
909-1	门架式 LED 可变情报板门架	kg			

续上表

子目号	子目名称	单位	数量	综合单价	合价
909-2	门架式 LED 可变情报板				
909-2-1	区别 LED 可变情报板的尺寸、使用环境、显示颜色、显示性能、像素直径、供电要求、通信接口、材质、外壳防护等设置细目	m²			
	…	m²			
909-3	悬臂式 LED 可变情报板悬臂	kg			
909-4	悬臂式 LED 可变情报板				
909-4-1	区别 LED 可变情报板的尺寸、使用环境、显示颜色、显示性能、像素直径、供电要求、通信接口、材质、外壳防护等设置细目	m²			
	…	m²			
909-5	立柱式 LED 信息标志				
909-5-1	区别立柱主要材质结构参数、LED 可变情报板的尺寸、使用环境、显示颜色、显示性能、像素直径、供电要求、通信接口、材质、外壳防护等设置细目	套			
	…	套			
909-6	移动式 LED 信息标志				
909-6-1	区别支撑架主要材质结构参数、LED 可变情报板的尺寸、使用环境、显示颜色、显示性能、像素直径、供电要求、通信接口、材质、外壳防护等设置细目	套			
	…	套			
909-7	光纤式可变限速标志				
909-7-1	区别支撑架主要材质结构参数、光纤显示板的尺寸、使用环境、显示颜色、显示性能、光纤孔视角、光源类型、通信接口、材质、外壳防护等设置细目	套			
	…	套			
910	环境检测设备				
910-1	CO、VI 检测器				
910-1-1	区别支撑架主要材质结构参数,CO、VI 检测器型号,测量参数,测量量程,测量距离,透过率等设置细目	套			
	…	套			
910-2	风向风速传感器				
910-2-1	区别支撑架主要材质结构参数、风向风速传感器型号、测量参数、测量精度、通信接口、输出形式等设置细目	套			
	…	套			

续上表

子目号		子目名称	单位	数量	综合单价	合价
910-3		亮度检测器				
	910-3-1	区别支撑架主要材质结构参数、亮度检测器规格型号、测量参数、测量精度、通信接口、输出形式等设置细目	台			
	…		台			
910-4		能见度检测器				
	910-4-1	区别支撑架主要材质结构参数、能见度检测器规格型号、测量参数、测量精度、通信接口、输出形式等设置细目	台			
	…		台			
910-5		气象检测器				
	910-5-1	区别支撑架主要材质结构参数、气象检测器规格型号、测量参数、测量精度、通信接口、输出形式等设置细目	台			
	…		台			
911		成套配电箱				
911-1		计量配电箱				
	911-1-1	区分计量配电箱的规格型号,开关、保护器及计量仪表类型,安装方式,环境条件,箱体材质,外壳防护等级设置细目	台			
	…		台			
911-2		动力配电箱				
	911-2-1	区分动力配电箱的规格型号、开关及保护器类型、安装方式、环境条件、箱体材质、外壳防护等级设置细目	台			
	…		台			
912		监控电线电缆				
912-1		控制电缆				
	912-1-1	区分敷设控制电缆的规格型号、保护层材质、功能要求设置细目	m			
	…		m			
912-2		通信电缆				
	912-2-1	区分敷设通信电缆的规格型号、保护层材质、功能要求设置细目	m			
	…		m			
912-3		电力电缆				
	912-3-1	区分敷设电力电缆的规格型号、保护层材质、功能要求设置细目	m			

续上表

子目号	子目名称	单位	数量	综合单价	合价
...		m			
912-4	**电缆保护管**				
912-4-1	镀锌无缝钢管				
912-4-1-1	区分镀锌无缝钢管的规格型号设置细目	kg			
...		kg			
912-4-2	镀锌焊管				
912-4-2-1	区分镀锌焊管的规格型号设置细目	kg			
...		kg			
912-4-3	可绕金属管				
912-4-3-1	区分可绕金属管的规格型号、功能要求设置细目	m			
...		m			
912-4-4	PE子管				
912-4-4-1	区分PE子管的规格型号设置细目	m			
...		m			
913	**防雷及接地系统**				
913-1	**接闪器**				
913-1-1	避雷针				
913-1-1-1	区分避雷针的工作原理、规格型号、接闪针数、材质、安装方式、高度设置细目	套			
...		套			
913-1-2	避雷带				
913-1-2-1	区分避雷带的材质、规格型号、敷设方式、防腐要求设置细目	m			
...		m			
913-2	**引下线**				
913-2-1	区分引下线的材质、规格型号、防腐要求设置细目	m			
...		m			
913-3	**接地体**				
913-3-1	镀锌角钢				
913-3-1-1	区分镀锌角钢的规格型号、长度设置细目	根			
...		根			
913-3-2	铜板				
913-3-2-1	区分铜板的规格型号、长度设置细目	块			
...		块			

续上表

子目号	子目名称	单位	数量	综合单价	合价
913-4	接地线				
913-4-1	区分接地线的材质、规格型号、安装方式设置细目	m			
...		m			
913-5	浪涌保护器(防雷器)				
913-5-1	电源保护器				
913-5-1-1	区分电源保护器的额定电压、额定放电电流、规格型号、安装方式、响应时间、回波损耗设置细目	个			
...		个			
913-5-2	信号保护器				
913-5-2-1	区分信号保护器的额定电压、额定放电电流、规格型号、安装方式、响应时间、回波损耗设置细目	个			
...		个			
914	交通信号控制				
914-1	交通信号灯				
914-1-1	区别交通信号灯的规格型号,光源类型,工作电压,总功率,单灯功率,发光面尺,外壳材质、防护等设置细目	套			
...		套			
914-2	箭头信号灯				
914-2-1	区别箭头信号灯的规格型号及数量,光源类型,工作电压,总功率,单灯功率,发光面尺,发光亮度,外壳材质、防护等设置细目	套			
...		套			
914-3	人行道灯				
914-3-1	区别人行道灯的规格型号,光源类型,工作电压,总功率,单灯功率,发光面尺,发光亮度,外壳材质、防护等设置细目	套			
...		套			
914-4	倒计时器				
914-4-1	区别倒计时器的规格型号及数量,光源类型,工作电压,总功率,单灯功率,发光面尺,发光亮度,外壳材质、防护等设置细目	套			
...		套			
914-5	控制器				
914-5-1	区别控制器的规格型号,控制通道数量,功能要求,性能,外壳材质、防护,安装方式等设置细目	套			

续上表

子目号	子目名称	单位	数量	综合单价	合价
	…	套			
914-6	立柱				
914-6-1	悬臂式				
914-6-1-1	区别悬臂式立柱的材质、规格型号、防腐要求、立柱及悬臂的上下口径等设置细目	t			
	…	t			
914-6-2	单柱式				
914-6-2-1	区别单柱式立柱的材质、规格型号、防腐要求等设置细目	t			
	…	t			
914-7	吊架				
914-7-1	区别吊架的材质、规格型号、防腐要求等设置细目	t			
	…	t			
915	PLC				
915-1	整体式				
915-1-1	区分整体式PLC的规格型号、控制程序容量、输入输出点数、计时计数数量及方式、存储器数量、防护等级、安装方式等设置细目	个			
	…	个			
916	附属工程				
916-1	混凝土基础				
916-1-1	区别基础混凝土的强度、几何尺寸等设置细目	个			
	…	个			
916-2	线槽				
916-2-1	区分线槽的材质、规格型号、固定点形式设置细目	m			
	…	m			

清单　第900章合计　人民币_____

10 第1000章 收费系统

清单 第1000章 收费系统					
子目号	子目名称	单位	数量	综合单价	合价
1001	收费系统专用费用				
1001-1	工厂监造费(暂列金额)	总额			
1001-2	培训费(暂列金额)	总额			
1001-3	联网测试费(暂列金额)	总额			
1001-4	系统测试费	总额			
1002	收费中心、站计算机系统				
1002-1	服务器				
1002-1-1	区分不同配置要求、规格型号、性能设置细目	套			
…		套			
1002-2	磁盘阵列				
1002-2-1	区分磁盘阵列的性能、储存容量、单机磁盘数量设置细目	套			
…		套			
1002-3	收费、财务、票证、通行费、系统监视维护工作站				
1002-3-1	区分不同配置要求、规格型号、性能设置细目	套			
…		套			
1002-4	多媒体处理工作站				
1002-4-1	区分不同配置要求、规格型号、性能设置细目	套			
…		套			
1002-5	以太网交换机				
1002-5-1	区分交换机的性能、端口数量、接口形式等设置细目	台			
…		台			
1002-6	激光打印机				
1002-6-1	区分打印机的打印速度、打印分辨率、打印模块功能、打印幅宽要求等设置细目	台			
…		台			
1002-7	彩色喷墨打印机				
1002-7-1	区分打印机的打印速度、打印分辨率、打印模块功能、打印幅宽要求等设置细目	台			
…		台			

续上表

子目号	子目名称	单位	数量	综合单价	合价
1002-8	针式打印机				
1002-8-1	区分打印机的打印方式、打印头及分辨率、打印速度、打印幅宽方式、纸宽要求等设置细目	台			
	…	台			
1002-9	打印机服务器				
1002-9-1	区分设备型号、网络接口、传输速度、端口型号、操作系统、尺寸设置细目	套			
	…	套			
1002-10	彩色扫描仪				
1002-10-1	区分扫描仪的基本外形规格、光学分辨率、色彩数、灰度级、速度、最大扫描幅等设置彩色扫描仪的细目	台			
	…	台			
1002-11	光盘刻录机				
1002-11-1	区分设备型号、内存容量、盘片格式、功能模式、使用端口设置细目	台			
	…	台			
1002-12	路由器				
1002-12-1	区分路由器的性能、端口数量及内存、接口形式、路由协议等设置细目	套			
	…	套			
1002-13	非接触式IC卡读写器				
1002-13-1	区分设备型号、通信协议、通信类型设置细目	台			
	…	台			
1002-14	通行卡、身份卡、包交卡等非接触式IC卡				
1002-14-1	区分设备型号、规格设置细目	张			
	…	张			
1002-15	IC卡密钥管理系统				
1002-15-1	PSAM卡				
1002-15-1-1	区分型号、规格细目	张			
	…	张			
1002-15-2	用户卡				
1002-15-2-1	区分型号、规格细目	张			
	…	张			
1002-15-3	母卡				
1002-15-3-1	区分型号、规格细目	张			

续上表

子目号	子目名称	单位	数量	综合单价	合价
…		张			
1002-15-4	多串口卡				
1002-15-4-1	区分多串口卡的型号及总线接口数量、接口形式、端口速度等设置细目	张			
…		张			
1002-15-5	读写器				
1002-15-5-1	区分型号、规格细目	台			
…		台			
1002-16	值班员操作台				
1002-16-1	值班员操作台				
1002-16-1-1	区分型号、规格、外形尺寸设置细目	套			
…		套			
1002-16-2	椅子				
1002-16-2-1	区别椅子的骨架、面料材质、规格尺寸等设置细目	把			
…		把			
1002-17	静电地板				
1002-17-1	区分类型、规格尺寸、机械性能、表面电阻设置细目	m^2			
…		m^2			
1002-18	塑料子管				
1002-18-1	区分型号、规格、材质、抗张强度设置细目	m			
…		m			
1002-19	移动硬盘				
1002-19-1	区分设备型号、硬盘容量、接口型号、数据传输率、外观尺寸设置细目	个			
…		个			
1002-20	报警控制器				
1002-20-1	区分型号、规格设置细目	台			
…		台			
1002-21	19"标准机柜				
1002-21-1	区分材质、规格、型号设置细目	套			
…		套			
1002-22	内部对讲主机				
1002-22-1	区分型号、规格设置细目	台			

续上表

子目号	子目名称	单位	数量	综合单价	合价
	...	台			
1002-23	光纤收发器				
1002-23-1	区分型号、规格、传输距离、波长、光纤类型设置细目	对			
	...	对			
1002-24	分线盒				
1002-24-1	区分型号、规格、设置细目	个			
	...	个			
1002-25	监视器墙				
1002-25-1	区分型号、规格、外形尺寸设置细目	套			
	...	套			
1002-26	光缆终端盒				
1002-26-1	区分光缆进出孔数、配线容量、外形尺寸设置细目	个			
	...	个			
1002-27	尾纤				
1002-27-1	区分尾纤的型号、模数、芯数、长度等设置细目	根			
	...	根			
1002-28	跳纤				
1002-28-1	区分尾纤的型号、模数、芯数、长度等设置细目	根			
	...	根			
1003	出、入口车道设备				
1003-1	车道控制器				
1003-1-1	区分型号、规格、最大功率设置细目	台			
	...	台			
1003-2	收费员操作台				
1003-2-1	区分型号、规格、材料、外形尺寸设置细目	套			
	...	套			
1003-3	收费员专用键盘				
1003-3-1	区分型号、规格、壳体材料、接口形式设置细目	个			
	...	个			
1003-4	显示器				
1003-4-1	区分型号、规格设置细目	台			
	...	台			
1003-5	非接触式IC卡读写器				

续上表

子目号	子目名称	单位	数量	综合单价	合价
1003-5-1	区分设备型号、通信协议、通信型号设置细目	台			
…		台			
1003-6	**车辆检测器**				
1003-6-1	地感线圈车辆检测器				
1003-6-1-1	区分型号、规格设置细目	套			
…		套			
1003-6-2	微波车辆检测器				
1003-6-2-1	区分型号、规格设置细目	套			
…		套			
1003-6-3	视频车辆检测器				
1003-6-3-1	区分型号、规格设置细目	套			
…		套			
1003-6-4	被动红外车辆检测器				
1003-6-4-1	区分型号、规格设置细目	套			
…		套			
1003-6-5	超声波车辆检测器				
1003-6-5-1	区分型号、规格设置细目	套			
…		套			
1003-7	**雾灯**				
1003-7-1	区分型号、输入工作电压、波长、视距、亮度、闪烁频率设置细目	个			
…		个			
1003-8	**通行信号灯及黄色闪光报警器**				
1003-8-1	区分型号、规格设置细目	个			
…		个			
1003-9	**亭内麦克风**				
1003-9-1	区分型号、规格设置细目	个			
…		个			
1003-10	**内部对讲分机**				
1003-10-1	区分型号、可选频率范围、可使用信道数、工作电压、电池容量设置细目	个			
…		个			
1003-11	**分线盒**				
1003-11-1	区分型号、规格设置细目	个			
…		个			

续上表

子目号	子目名称	单位	数量	综合单价	合价
1003-12	安全报警踏板				
1003-12-1	区分尺寸、规格、触发方式设置细目	个			
…		个			
1003-13	车牌照识别系统				
1003-13-1	区分型号、系统识别率、软件形式、辅助光源设置细目	套			
…		套			
1003-14	自动栏杆				
1003-14-1	区分型号、规格、材质设置细目	个			
…		个			
1003-15	手动栏杆				
1003-15-1	区分型号、规格、材质设置细目	个			
…		个			
1003-16	可变天棚信号灯				
1003-16-1	区分型号、色度、亮度、可视距离、防护等级设置细目	套			
…		套			
1003-17	禁行天棚信号灯				
1003-17-1	区分型号、色度、亮度、可视距离、防护等级设置细目	套			
…		套			
1003-18	收费亭配电盒				
1003-18-1	区分型号、规格、材质、电气参数、安装方式设置细目	个			
…		个			
1003-19	设备机柜				
1003-19-1	区分型号、规格、材质设置细目	台			
…		台			
1003-20	票据打印机				
1003-20-1	区分型号,打印方式、针数、最高打印速度,打印宽度,分辨率、色带类型、寿命、接口类型设置细目	台			
…		台			
1003-21	室外费额显示器				
1003-21-1	区分机箱材料、尺寸、保护级别、供电电压、显示方式,最大显示位数设置细目	套			
…		套			

续上表

子目号	子目名称	单位	数量	综合单价	合价
1003-22	尾纤				
1003-22-1	区分尾纤的型号、模数、芯数、长度等设置细目	根			
…		根			
1003-23	跳纤				
1003-23-1	区分跳纤的型号、模数、芯数、长度等设置细目	根			
…		根			
1003-24	光缆终端盒				
1003-24-1	区分光缆进出孔数、配线容量、外形尺寸设置细目	个			
…		个			
1003-25	路边车道设备识别系统（RSE）				
1003-25-1	微波识别系统				
1003-25-1-1	区分型号、规格设置细目	套			
…		套			
1003-25-2	射频识别系统				
1003-25-2-1	区分型号、规格设置细目	套			
…		套			
1003-25-3	红外线识别系统				
1003-25-3-1	区分型号、规格设置细目	套			
…		套			
1003-26	车载设备（OBU）				
1003-26-1	区分型号、规格设置细目	套			
…		套			
1004	车道计重系统				
1004-1	轴重仪				
1004-1-1	低速精检称重台				
1004-1-1-1	区分计量准确度,最大、最小检测轴重,最大轴数,尺寸大小设置细目	台			
…		台			
1004-1-2	高速称重板				
1004-1-2-1	区分计量准确度,最大、最小检测轴重,最大轴数,尺寸大小设置细目	台			
…		台			
1004-2	车辆识别装置				

续上表

子目号	子目名称	单位	数量	综合单价	合价
1004-2-1	区分设备型号、可靠性、防护等级、轮轴识别误判率、传感器数量设置细目	台			
…		台			
1004-3	**车辆分离器**				
1004-3-1	区分设备型号、规格设置细目	台			
…		台			
1004-4	**车辆检测器**				
1004-4-1	地感线圈车辆检测器				
1004-4-1-1	区分型号、规格设置细目	套			
…		套			
1004-4-2	微波车辆检测器				
1004-4-2-1	区分型号、规格设置细目	套			
…		套			
1004-4-3	视频车辆检测器				
1004-4-3-1	区分型号、规格设置细目	套			
…		套			
1004-4-4	被动红外车辆检测器				
1004-4-4-1	区分型号、规格设置细目	套			
…		套			
1004-4-5	超声波车辆检测器				
1004-4-5-1	区分型号、规格设置细目	套			
…		套			
1004-5	**车辆感应器**				
1004-5-1	区分型号、规格设置细目	台			
…		台			
1004-6	**控制柜**				
1004-6-1	低速控制柜				
1004-6-1-1	区分型号、规格、材质设置细目	套			
…		套			
1004-6-2	高速控制柜				
1004-6-2-1	区分型号、规格、材质设置细目	套			
…		套			
1004-7	**称重显示屏**	套			
1004-8	**称重管理计算机**				
1004-8-1	低速称重管理计算机				

续上表

子目号	子目名称	单位	数量	综合单价	合价
1004-8-1-1	区别计算机的性能,CPU、内存、硬盘容量,图像采集性能,显示器、光驱、软驱及网卡等要求设置细目	套			
	…	套			
1004-8-2	高速称重管理计算机				
1004-8-2-1	区别计算机的性能,CPU、内存、硬盘容量,图像采集性能,显示器、光驱、软驱及网卡等要求设置细目	套			
	…	套			
1005	**有线对讲系统**				
1005-1	**对讲主机**				
1005-1-1	区分型号、可选频率范围、可使用信道数、工作电压、输出功率设置细目	套			
	…	套			
1005-2	**对讲分机**				
1005-2-1	区分型号、可选频率范围、可使用信道数、工作电压、电池容量设置细目	个			
	…	个			
1006	**闭路电视监视系统**				
1006-1	**摄像机**				
1006-1-1	固定点摄像机				
1006-1-1-1	区别摄像机的类型,防护罩规格及功能要求,分辨率,镜头类型及变焦倍数,外观,照度,可视距离等设置细目	套			
	…	套			
1006-1-2	匀速球型摄像机				
1006-1-2-1	区别摄像机的类型,防护罩规格及功能要求,分辨率,镜头类型及变焦倍数,外观,照度,可视距离,云台等设置细目	套			
	…	套			
1006-1-3	高速球型摄像机				
1006-1-3-1	区别摄像机的类型,防护罩规格及功能要求,分辨率,镜头类型及变焦倍数,外观,照度,可视距离,云台等设置细目	套			
	…	套			
1006-1-4	立柱				

续上表

子目号	子目名称	单位	数量	综合单价	合价
1006-1-4-1	区别立柱的材质、类型,最大横截面,悬臂长度,高度,调位功能等设置细目	套			
	…	套			
1006-2	**彩色监视器**				
1006-2-1	嵌入式落地机架幕墙				
1006-2-1-1	区别机架幕墙的骨架主材、防腐要求、整体幕墙三维几何尺寸等设置细目	m²			
	…	m²			
1006-2-2	彩色监视器				
1006-2-2-1	区别彩色监视器的规格、型号、清晰度,显像方式等设置细目	台			
	…	台			
1006-3	**长延时录像机**				
1006-3-1	区分型号、规格、视频信号、水平分辨率、磁带速度、设置细目	台			
	…	台			
1006-4	**数字硬盘录像机**				
1006-4-1	嵌入式				
1006-4-1-1	区分硬盘卡式、容量、主要功能及视音频分辨率设置硬盘录像机的细目	台			
	…	台			
1006-4-2	PC式				
1006-4-2-1	区分硬盘录像机的规格型号、容量、录像方式、主要功能及视音频分辨率设置硬盘录像机的细目	台			
	…	台			
1006-5	**多画面分割器**				
1006-5-1	区分型号,视频输入、输出,模拟输出分辨率,电源电压设置细目	套			
	…	套			
1006-6	**视频切换矩阵**				
1006-6-1	区分I/O阻抗、AV显示信号类型、输入输出接口、带宽、控制方式设置细目	台			
	…	台			
1006-7	**视频矩阵控制键盘**				
1006-7-1	区分型号、数据接口、模式设置设置细目	套			
	…	套			

续上表

子目号		子目名称	单位	数量	综合单价	合价
1006-8		数据光端机				
	1006-8-1	区分型号、接口类型、数据规格、EI 口性能、光纤口性能、带宽、信噪比、传输距离设置细目	对			
	…		对			
1006-9		音频光端机				
	1006-9-1	区分型号、接口类型、音频规格、EI 口性能、光纤口性能、带宽、信噪比、传输距离设置细目	对			
	…		对			
1006-10		视频光端机				
	1006-10-1	区分型号、接口类型、视频规格、EI 口性能、光纤口性能、带宽、信噪比、传输距离设置细目	对			
	…		对			
1006-11		视频数据音频光端机				
	1006-11-1	区分型号,接口类型,数据、视频、音频规格,EI 口性能,光纤口性能,带宽,信噪比,传输距离设置细目	对			
	…		对			
1006-12		多路视频数据音频复用光端机				
	1006-12-1	区分型号,接口类型,数据、视频、音频规格,EI 口性能,光纤口性能,带宽,信噪比,传输距离设置细目	对			
	…		对			
1006-13		图像字符叠加器				
	1006-13-1	区分型号,接口类型,数据、视频、音频规格,EI 口性能,光纤口性能,带宽,信噪比,传输距离设置细目	台			
	…		台			
1006-14		多媒体计算机				
	1006-14-1	区分不同配置要求、规格型号、性能设置细目	套			
	…		套			
1006-15		视频分配放大器				
	1006-15-1	区分型号,输入电压,功率,视频信号输入、输出,频宽设置细目	个			
	…		个			
1007		电源系统				
1007-1		稳压电源				
	1007-1-1	区分型号、额定容量、输出频率、输出电压、相数设置细目	台			

续上表

子目号	子目名称	单位	数量	综合单价	合价
...		台			
1007-2	UPS不间断电源				
1007-2-1	区分型号,额定容量,输出电压、频率,稳压精度,波形要求,供电时间设置UPS的细目	台			
...		台			
1008	成套配电箱				
1008-1	计量配电箱				
1008-1-1	区分计量配电箱的规格型号,开关、保护器及计量仪表类型,安装方式,环境条件,箱体材质,外壳防护等级	台			
...		台			
1008-2	动力配电箱				
1008-2-1	区分动力配电箱的规格型号、开关及保护器类型、安装方式、环境条件、箱体材质、外壳防护等级	台			
...		台			
1009	收费电线电缆				
1009-1	控制电缆				
1009-1-1	区分敷设控制电缆的规格型号、保护层材质、功能要求设置细目	m			
...		m			
1009-2	通信电缆				
1009-2-1	区分敷设通信电缆的规格型号、保护层材质、功能要求设置细目	m			
...		m			
1009-3	电力电缆				
1009-3-1	区分敷设电力电缆的规格型号、保护层材质、功能要求设置细目	m			
...		m			
1009-4	电缆保护管				
1009-4-1	镀锌无缝钢管				
1009-4-1-1	区分镀锌无缝钢管的规格型号设置细目	kg			
...		kg			
1009-4-2	镀锌焊管				
1009-4-2-1	区分镀锌焊管的规格型号设置细目	kg			
...		kg			
1009-4-3	可绕金属管				
1009-4-3-1	区分可绕金属管的规格型号、功能要求设置细目	m			

续上表

子目号	子目名称	单位	数量	综合单价	合价
…		m			
1009-4-4	PE子管				
1009-4-4-1	区分PE子管的规格型号设置细目	m			
…		m			
1010	**防雷及接地系统**				
1010-1	**接闪器**				
1010-1-1	避雷针				
1010-1-1-1	区分避雷针的工作原理、规格型号、接闪针数、材质、安装方式、高度设置细目	套			
…					
1010-1-2	避雷带				
1010-1-2-1	区分避雷带的材质、规格型号、敷设方式、防腐要求设置细目	m			
…		m			
1010-2	**引下线**				
1010-2-1	区分引下线的材质、规格型号、防腐要求设置细目	m			
…		m			
1010-3	**接地体**				
1010-3-1	镀锌角钢				
1010-3-1-1	区分镀锌角钢的规格型号、长度设置细目	根			
…		根			
1010-3-2	铜板				
1010-3-2-1	区分铜板的规格型号、长度设置细目	块			
…		块			
1010-4	**接地线**				
1010-4-1	区分接地线的材质、规格型号、安装方式设置细目	m			
…		m			
1010-5	**浪涌保护器(防雷器)**				
1010-5-1	电源保护器				
1010-5-1-1	区分电源保护器的额定电压、额定放电电流、规格型号、安装方式、响应时间、回波损耗设置细目	个			
…		个			
1010-5-2	信号保护器				
1010-5-2-1	区分信号保护器的额定电压、额定放电电流、规格型号、安装方式、响应时间、回波损耗设置细目	个			

续上表

子目号	子目名称	单位	数量	综合单价	合价
...		个			
1011	收费软件				
1011-1	操作系统软件				
1011-1-1	区分操作系统的应用领域、类型、主要功能、硬件结构设置细目	套			
...		套			
1011-2	应用软件				
1011-2-1	区分应用软件的应用领域、主要功能设置细目	套			
...		套			
1012	附属工程				
1012-1	混凝土基础				
1012-1-1	区别基础混凝土的强度、几何尺寸、使用对象等设置细目	个			
...		个			
1012-2	线槽				
1012-2-1	区分线槽的材质、规格型号、固定点形式设置细目	m			
...		m			

清单 第1000章合计 人民币_____

11 第1100章 通信系统

清单　第1100章　通信系统					
子目号		子目名称	单位	数量	综合单价	合价
1101		通信系统专用费用				
1101-1		工厂监造费(暂列金额)	总额			
1101-2		培训费(暂列金额)	总额			
1101-3		联网测试费(暂列金额)	总额			
1101-4		系统测试费	总额			
1102		光纤数字传输系统(SDH)				
1102-1		STM-1级分插复用器ADM				
	1102-1-1	区分型号、比特率、功率、尺寸设置细目	套			
	…		套			
1102-2		接入网OLT				
	1102-2-1	区分型号、板卡类型、接口类型及数量、容量、覆盖区域半径、尺寸大小设置细目	套			
	…		套			
1102-3		接入网ONU				
	1102-3-1	区分型号、用户端口数、PON接口、尺寸大小设置细目	套			
	…		套			
1102-4		光缆配线熔接单元ODF				
	1102-4-1	区分型号、接口类型、安装规格、插入损耗设置细目	套			
	…		套			
1102-5		数字配线单元DDF				
	1102-5-1	区分型号、规格、传输码率、抗电强度、连接器寿命设置细目	套			
	…		套			
1102-6		音频保安配线单元VDF				
	1102-6-1	区分型号、规格、特性阻抗、工作速率、耐电压、机械耐久性设置细目	套			
	…		套			
1102-7		网管系统				
	1102-7-1	区分不同配置要求、规格型号、性能设置细目	套			
	…		套			

续上表

子目号	子目名称	单位	数量	综合单价	合价
1102-8	光接入网维护终端				
1102-8-1	区分不同配置要求、规格型号、性能设置细目	套			
…		套			
1102-9	计算机				
1102-9-1	区分不同配置要求、规格型号、性能设置细目	台			
…		台			
1102-10	计算机桌				
1102-10-1	区分材质、规格尺寸设置细目	张			
…		张			
1102-11	转椅				
1102-11-1	区分材质、规格尺寸设置细目	把			
…		把			
1102-12	磁盘阵列				
1102-12-1	区分磁盘阵列的性能、储存容量、单机磁盘数量设置细目	套			
…		套			
1102-13	19″标准机柜				
1102-13-1	区分材质、规格、型号设置细目	套			
…		套			
1102-14	配线机柜				
1102-14-1	区分型号、规格、材质设置细目	个			
…		个			
1102-15	FC/PC 光纤尾纤				
1102-15-1	区分尾纤的型号、模数、芯数、长度等设置细目	根			
…		根			
1102-16	100 回线 VDF 配线架(含50%自复式保安单元)				
1102-16-1	区分型号、规格、容量设置细目	套			
…		套			
1102-17	SDH 传输系统网管终端				
1102-17-1	区分不同配置要求、规格型号、性能设置细目	套			
…		套			
1102-18	综合业务接入网网管终端				
1102-18-1	区分不同配置要求、规格型号、性能设置细目	套			
…		套			
1103	光纤数字传输系统(IP)				

续上表

子目号	子目名称	单位	数量	综合单价	合价
1103-1	骨干路由器				
1103-1-1	区分型号、规格、网络端口、网络功能、功耗设置细目	台			
…		台			
1103-2	千兆以太网交换机				
1103-2-1	区分性能、规格型号、端口数量、接口形式等设置细目	台			
…		台			
1103-3	语音网关				
1103-3-1	区分型号、规格、接口类型及数量设置细目	套			
…		套			
1104	数字程控交换系统				
1104-1	程控交换机				
1104-1-1	区分型号、外线容量、分机总量、电气规格设置细目	部			
…		部			
1104-2	普通用户端口(本地)				
1104-2-1	区分型号、规格设置细目	路			
…		路			
1104-3	模拟中继线端口				
1104-3-1	区分型号、规格设置细目	路			
…		路			
1104-4	数字中继线端口				
1104-4-1	区分型号、规格设置细目	路			
…		路			
1104-5	话务台				
1104-5-1	区分型号、规格设置细目	套			
…		套			
1104-6	智能电脑话务员				
1104-6-1	区分型号、规格、语音容量、语音查询系统、端口数量设置细目	套			
…		套			
1104-7	电脑话务员接口板				
1104-7-1	区分型号、规格设置细目	块			
…		块			

续上表

子目号	子目名称	单位	数量	综合单价	合价
1104-8	112测试系统				
1104-8-1	区分类型、规格设置细目	套			
	…	套			
1104-9	保安配线架				
1104-9-1	区分类型、规格、容量设置细目	套			
	…	套			
1104-10	数字电话机				
1104-10-1	区分型号、规格设置细目	台			
	…	台			
1104-11	双音多频话机				
1104-11-1	区分型号、规格设置细目	台			
	…	台			
1104-12	传真机				
1104-12-1	区分型号、规格设置细目	台			
	…	台			
1105	紧急电话系统				
1105-1	紧急电话主控台				
1105-1-1	区分不同配置、规格型号设置细目	部			
	…	部			
1105-2	紧急电话主机				
1105-2-1	区分型号、规格、传输类型设置细目	部			
	…	部			
1105-3	紧急电话分机(副机)				
1105-3-1	区分型号、规格、传输类型设置细目	部			
	…	部			
1106	光端机				
1106-1	光端机				
1106-1-1	区分光端机的种类、传输E1口数量、接口类型、网络拓扑方式等设置细目	套			
	…	套			
1107	通信电源				
1107-1	有人站高频开关组合电源				
1107-1-1	区分型号、规格设置细目	套			
	…	套			
1107-2	无人站高频开关组合电源				

续上表

子目号	子目名称	单位	数量	综合单价	合价
1107-2-1	区分型号、规格设置细目	套			
…		套			
1107-3	**蓄电池**				
1107-3-1	区分型号、规格、容量、支架类型设置细目	组			
…		组			
1107-4	**UPS 电源**				
1107-4-1	区分型号,额定容量,输出电压、频率,稳压精度,波形要求,供电时间设置UPS的细目	台			
…		台			
1108	**通信光缆**				
1108-1	**通信光缆**				
1108-1-1	区分敷设通信光缆的规格型号、保护层材质、功能要求设置细目	m			
…		m			
1108-2	**光缆终端盒**				
1108-2-1	区分光缆进出孔数、配线容量、外形尺寸设置细目	个			
…		个			
1108-3	**光缆接续**				
1108-3-1	区分接续光缆芯数设置细目	处			
…		处			
1108-4	**光缆接头盒**				
1108-4-1	区分规格、型号设置细目	个			
…		个			
1108-5	**硅芯管**				
1108-5-1	区分规格、型号、孔数设置细目	m			
…		m			
1109	**成套配电箱**				
1109-1	**计量配电箱**				
1109-1-1	区分计量配电箱的规格型号,开关、保护器及计量仪表类型,安装方式,环境条件,箱体材质,外壳防护等级设置细目	台			
…		台			
1109-2	**动力配电箱**				
1109-2-1	区分动力配电箱的规格型号,开关及保护器类型,安装方式,环境条件,箱体材质,外壳防护等级设置细目	台			
…		台			

续上表

子目号	子目名称	单位	数量	综合单价	合价
1110	通信电线电缆				
1110-1	控制电缆				
1110-1-1	区分敷设控制电缆的规格型号、保护层材质、功能要求设置细目	m			
…		m			
1110-2	通信电缆				
1110-2-1	区分敷设通信电缆的规格型号、保护层材质、功能要求设置细目	m			
…		m			
1110-3	电力电缆				
1110-3-1	区分敷设电力电缆的规格型号、保护层材质、功能要求设置细目	m			
…		m			
1110-4	电缆保护管				
1110-4-1	镀锌无缝钢管				
1110-4-1-1	区分镀锌无缝钢管的规格型号设置细目	kg			
…		kg			
1110-4-2	镀锌焊管				
1110-4-2-1	区分镀锌焊管的规格型号设置细目	kg			
…		kg			
1110-4-3	可绕金属管				
1110-4-3-1	区分可绕金属管的规格型号、功能要求设置细目	m			
…		m			
1110-4-4	PE 子管				
1110-4-4-1	区分 PE 子管的规格型号设置细目	m			
…		m			
1111	防雷及接地系统				
1111-1	接闪器				
1111-1-1	避雷针				
1111-1-1-1	区分避雷针的工作原理、规格型号、接闪针数、材质、安装方式、高度设置细目	套			
…		套			
1111-1-2	避雷带				
1111-1-2-1	区分避雷带的材质、规格型号、敷设方式、防腐要求设置细目	m			
…		m			

续上表

子目号	子目名称	单位	数量	综合单价	合价
1111-2	引下线				
1111-2-1	区分引下线的材质、规格型号、防腐要求设置细目	m			
…		m			
1111-3	接地体				
1111-3-1	镀锌角钢				
1111-3-1-1	区分镀锌角钢的规格型号、长度设置细目	根			
…		根			
1111-3-2	铜板				
1111-3-2-1	区分铜板的规格型号、长度设置细目	块			
…		块			
1111-4	接地线				
1111-4-1	区分接地线的材质、规格型号、安装方式设置细目	m			
…		m			
1111-5	浪涌保护器（防雷器）				
1111-5-1	电源保护器				
1111-5-1-1	区分电源保护器的额定电压、额定放电电流、规格型号、安装方式、响应时间、回波损耗设置细目	个			
…		个			
1111-5-2	信号保护器				
1111-5-2-1	区分信号保护器的额定电压、额定放电电流、规格型号、安装方式、响应时间、回波损耗设置细目	个			
…		个			
1112	软件				
1112-1	操作系统软件				
1112-1-1	区分操作系统的应用领域、类型、主要功能、硬件结构设置细目	套			
…		套			
1112-2	应用软件				
1112-2-1	区分应用软件的应用领域、主要功能设置细目	套			
…		套			
1113	附属工程				
1113-1	混凝土基础				
1113-1-1	区别基础混凝土的强度、几何尺寸等设置细目	个			
…		个			

续上表

子目号	子目名称	单位	数量	综合单价	合价
1113-2	线槽				
1113-2-1	区分线槽的材质、规格型号、固定点形式设置细目	m			
	…	m			
1113-3	人孔、手孔				
1113-3-1	区分人孔、手孔规格设置细目	个			
	…	个			

清单 第1100章合计　人民币_____

12　第1200章　消防系统

清单　第1200章　消防系统					
子目号	子目名称	单位	数量	综合单价	合价
1201	消防系统专项费用				
1201-1	工厂监造费(暂列金额)	总额			
1201-2	培训费(暂列金额)	总额			
1201-3	联网测试费(暂列金额)	总额			
1201-4	联合设计费(暂列金额)	总额			
1201-5	消防专项检测费(暂列金额)	总额			
1202	火灾自动报警系统				
1202-1	计算机				
1202-1-1	区分不同配置要求、规格型号、性能设置细目	台			
…		台			
1202-2	微电脑彩色图形显示系统(CRT)				
1202-2-1	区分不同配置要求、规格型号、性能设置细目	套			
…		套			
1202-3	操控台				
1202-3-1	区分不同配置要求、规格型号、主要材质设置细目	套			
…		套			
1202-4	消防电源盘				
1202-4-1	区分不同配置要求、规格型号、性能设置细目	套			
…		套			
1202-5	蓄电池				
1202-5-1	区分不同规格型号、性能设置细目	个			
…		个			
1202-6	消防系统软件				
1202-6-1	操作系统软件				
1202-6-1-1	区分操作系统的应用领域、类型、主要功能、硬件结构设置细目	套			
…		套			
1202-6-2	应用软件				
1202-6-2-1	区分应用软件的应用领域、类型、主要功能、控制点数设置细目	套			

续上表

子目号	子目名称	单位	数量	综合单价	合价
...		套			
1202-7	**点型火灾探测器**				
1202-7-1	多线制感温				
1202-7-1-1	区分多线制感温探测器的规格型号、性能设置细目	只			
...		只			
1202-7-2	多线制感烟				
1202-7-2-1	区分多线制感烟探测器的规格型号、性能设置细目	只			
...		只			
1202-7-3	总线制感温				
1202-7-3-1	区分总线制感温探测器的规格型号、性能设置细目	只			
...		只			
1202-7-4	总线制感烟				
1202-7-4-1	区分总线制感烟探测器的规格型号、性能设置细目	只			
...		只			
1202-7-5	火焰探测器				
1202-7-5-1	区分火焰探测器的规格型号、性能设置细目	只			
...		只			
1202-8	**线型火灾探测器**				
1202-8-1	线型缆式感温火灾探测器				
1202-8-1-1	区分线型缆式感温火灾探测器的规格型号、性能、安装方式设置细目	m			
...		m			
1202-8-2	线型光纤感温火灾探测器				
1202-8-2-1	区分线型光纤感温火灾探测器的规格型号、性能、安装方式设置细目	m			
...		m			
1202-9	**电缆测温系统主机**				
1202-9-1	区分电缆测温系统主机的规格型号、性能、安装方式、区段数量设置细目	台			
...		台			
1202-10	**分布式测温系统主机**				
1202-10-1	区分分布式测温系统主机的规格型号、性能、安装方式、区段数量设置细目	台			
...		台			
1202-11	**报警控制器**				

续上表

子目号	子目名称	单位	数量	综合单价	合价
1202-11-1	区分报警控制器的规格型号、线制、性能、安装方式、功能需求、控制点数量设置细目	台			
…		台			
1202-12	**联动控制器**				
1202-12-1	区分联动控制器的规格型号、线制、性能、安装方式、功能需求、控制点数量设置细目	台			
…		台			
1202-13	**报警联动一体机**				
1202-13-1	区分报警联动一体机的规格型号、线制、性能、安装方式、功能需求、控制点数量设置细目	台			
…		台			
1202-14	**重复显示器**				
1202-14-1	区分重复显示器的规格型号、线制、性能、安装方式、功能需求设置细目	台			
…		台			
1202-15	**声光报警装置**				
1202-15-1	区分声光报警装置的规格型号、线制、性能、安装方式、功能需求设置细目	台			
…		台			
1202-16	**远程控制器**				
1202-16-1	区分远程控制器的规格型号、性能、安装方式、控制回路、功能需求设置细目	台			
…		台			
1202-17	**手动报警按钮**				
1202-17-1	区分手动报警按钮的规格型号、性能、安装方式、功能需求设置细目	只			
…		只			
1202-18	**模块（接口）**				
1202-18-1	控制模块（单输出）				
1202-18-1-1	区分模块的规格型号、性能、功能需求设置细目	只			
…		只			
1202-18-2	控制模块（多输出）				
1202-18-2-1	区分模块的规格型号、性能、功能需求设置细目	只			
…		只			
1202-18-3	广播（电话）模块				
1202-18-3-1	区分模块的规格型号、性能、功能需求设置细目	只			

续上表

子目号	子目名称	单位	数量	综合单价	合价
…		只			
1202-18-4	监视模块(单输入)				
1202-18-4-1	区分模块的规格型号、性能、功能需求设置细目	只			
…		只			
1202-18-5	监视模块(多输入)				
1202-18-5-1	区分模块的规格型号、性能、功能需求设置细目	只			
…		只			
1202-18-6	协议转换接口				
1202-18-6-1	区分协议转换接口的规格型号、用途、结构、性能设置细目	只			
…		只			
1202-19	**疏散指示标志**				
1202-19-1	区分疏散指示标志的规格型号、材质、发光方式、安装方式、结构、性能设置细目	个			
…		个			
1202-20	**应急照明**				
1202-20-1	区分疏散指示标志的规格型号、材质、发光方式、安装方式、结构、性能设置细目	个			
…		个			
1202-21	**火灾应急广播扬声器**				
1202-21-1	区分扬声器的规格型号、灵敏度、材质、安装方式、性能设置细目	个			
…		个			
1202-22	**火灾应急广播控制器**				
1202-22-1	区分应急广播控制的规格型号、线制、区段数量、录音时间、按键方式、性能设置细目	套			
…		套			
1202-23	**功率放大器**				
1202-23-1	区分功率放大器的规格型号、输入阻抗、控制方式、频率特性、信噪比设置细目	台			
…		台			
1202-24	**紧急电话总机**				
1202-24-1	区分紧急电话总机的规格型号、主要功能、发码方式、频率响应设置细目	套			
…		套			
1202-25	**紧急电话分机**				

续上表

子目号	子目名称	单位	数量	综合单价	合价
1202-25-1	区分紧急电话分机的规格型号、控制方式、直拨方式、安装方式、频率响应、标志牌功能设置细目	部			
…		部			
1202-26	**紧急电话控制装置**				
1202-26-1	区分紧急电话控制装置的规格型号、线路信号、频率响应、编码范围、控制方式设置细目	套			
…		套			
1202-27	**模块集中安装箱**				
1202-27-1	区分模块箱的材质、规格设置细目	个			
…					
1203	**气体灭火系统**				
1203-1	**螺纹连接钢管**				
1203-1-1	无缝钢管				
1203-1-1-1	区分钢管的规格、防腐要求、外观颜色等设置细目	m			
…		m			
1203-1-2	焊管				
1203-1-2-1	区分焊管的规格、防腐要求、外观颜色等设置细目	m			
…		m			
1203-2	**法兰连接钢管**				
1203-2-1	无缝钢管				
1203-2-1-1	区分无缝钢管的规格、防腐要求、外观颜色等设置细目	m			
…		m			
1203-2-2	焊管				
1203-2-2-1	区分焊管的规格、防腐要求、外观颜色等设置细目	m			
…		m			
1203-3	**阀门**				
1203-3-1	螺纹阀门				
1203-3-1-1	区分螺纹阀门的材质、规格型号、防腐要求、外观颜色等设置细目	个			
…		个			
1203-3-2	法兰阀门				

续上表

子目号	子目名称	单位	数量	综合单价	合价
1203-3-2-1	区分法兰阀门的材质、规格型号、防腐要求、外观颜色等设置细目	个			
	…	个			
1203-3-3	焊接法门				
1203-3-3-1	区分焊接法门的材质、规格型号、防腐要求、外观颜色等设置细目	个			
	…	个			
1203-4	**管件**				
1203-4-1	区分管件的材质、规格型号、防腐要求、外观颜色等设置细目	个			
	…	个			
1203-5	**气体喷头**				
1203-5-1	区分气体喷头的材质、规格型号等设置细目	个			
	…	个			
1203-6	**气体驱动装置管道**				
1203-6-1	区分气体驱动装置管道的材质、规格型号、防腐要求、连接方式等设置细目	m			
	…	m			
1203-7	**气体储存装置**				
1203-7-1	区分气体储存容器的材质、规格型号、内置气体名称、气体压力等设置细目	套			
	…	套			
1203-8	**气体称重检测装置**				
1203-8-1	区分气体称重检测装置的规格型号、量程、精度等设置细目	套			
	…	套			
1203-9	**气体灭火控制器**				
1203-9-1	区分气体灭火控制器的规格型号、防区数量、开关选择、延迟时间及其他主要功能等设置细目	套			
	…	套			
1203-10	**控制模块**				
1203-10-1	区分控制模块的规格型号、输入输出形式及数量等设置细目	只			
	…	只			
1203-11	**管道支(吊)架**				
1203-11-1	镀锌型钢(板)支(吊)架	kg			

续上表

子目号	子目名称	单位	数量	综合单价	合价
1203-11-2	型钢(板)支(吊)架	kg			
1204	**消防水源与给水系统**				
1204-1	消防水池				
1204-1-1	钢筋混凝土水池				
1204-1-1-1	区分钢筋混凝土水池的规格、混凝土强度、埋入土体深度等设置细目	座			
…		座			
1204-2	水井				
1204-2-1	钻孔深水井				
1204-2-1-1	区分钻孔深水井的成孔直径、钻孔角度、护孔材料等设置细目	m			
…		m			
1204-2-2	挖孔水井				
1204-2-2-1	区分挖空水井的成孔直径、挖孔角度、护孔材料等设置细目	m			
…		m			
1204-2-3	深水泵				
1204-2-3-1	区分深水泵的材质、性能、规格型号等设置细目	台			
…		台			
1204-2-4	吸水管				
1204-2-4-1	区分吸水管的材质、规格型号等设置细目	m			
…		m			
1204-2-5	扬水管				
1204-2-5-1	区分扬水管的材质、规格型号等设置细目	m			
…		m			
1204-3	消防泵				
1204-3-1	区分消防泵的材质、性能、规格型号等设置细目	台			
…		台			
1204-4	水泵房				
1204-4-1	区分水泵房的结构形式、内外装饰等设置细目	m²			
…		m²			
1204-5	集水及净化设施				
1204-5-1	拦水坝				
1204-5-1-1	区分拦水坝的结构形式,混凝土、砂浆强度等级设置细目	m³			

续上表

子目号	子目名称	单位	数量	综合单价	合价
	...	m³			
1204-5-2	沉淀池				
1204-5-2-1	区分沉淀池的结构形式,容量,混凝土、砂浆强度等级设置细目	个			
	...	个			
1204-5-3	过滤池				
1204-5-3-1	区分过滤池的结构形式,容量,混凝土、砂浆强度等级设置细目	个			
	...	个			
1204-5-4	集水井				
1204-5-4-1	区分集水井的结构形式,容量,混凝土、砂浆强度等级设置细目	个			
	...	个			
1204-5-5	排水沟				
1204-5-5-1	区分排水沟的结构形式,混凝土、砂浆强度等级设置细目	m³			
	...	m³			
1204-6	**管道支撑**				
1204-6-1	支墩				
1204-6-1-1	区分支墩的结构形式,混凝土、砂浆强度等级设置细目	m³			
	...	m³			
1204-6-2	型钢支架				
1204-6-2-1	区分型钢支架的规格型号、防腐要求等设置细目	kg			
	...	kg			
1204-7	**水位监测设施**				
1204-7-1	水位显示仪				
1204-7-1-1	区分水位显示仪的规格型号、主要功能等设置细目	台			
	...	台			
1204-7-2	水位计				
1204-7-2-1	区分水位计的材质、规格型号、报警方式、分辨率等设置细目	个			
	...	个			
1204-8	**管道阀门**				
1204-8-1	区分管道阀门的材质、规格型号、连接方式、主要功能等设置细目	个			

续上表

子目号	子目名称	单位	数量	综合单价	合价
	…	个			
1204-9	管道管件				
1204-9-1	区分管道管件的材质、规格型号、连接方式、主要功能等设置细目	个			
	…	个			
1204-10	消防水池配管				
1204-10-1	进水管				
1204-10-1-1	区分进水管的材质、规格型号、连接方式等设置细目	m			
	…	m			
1204-10-2	出水管				
1204-10-2-1	区分出水管的材质、规格型号、连接方式等设置细目	m			
	…	m			
1204-10-3	溢流管				
1204-10-3-1	区分溢流管的材质、规格型号、连接方式等设置细目	m			
	…	m			
1204-10-4	泄水管				
1204-10-4-1	区分泄水管的材质、规格型号、连接方式等设置细目	m			
	…	m			
1204-10-5	回流管				
1204-10-5-1	区分回流管的材质、规格型号、连接方式等设置细目	m			
	…	m			
1205	消火栓系统				
1205-1	消防干管				
1205-1-1	螺纹连接				
1205-1-1-1	区分螺纹连接管道的材质、规格型号等设置细目	m			
	…	m			
1205-1-2	法兰连接				
1205-1-2-1	区分法兰连接管道的材质、规格型号等设置细目	m			
	…	m			
1205-1-3	焊接连接				
1205-1-3-1	区分焊接连接管道的材质、规格型号等设置细目	m			

续上表

子目号	子目名称	单位	数量	综合单价	合价
…		m			
1205-1-4	沟槽连接				
1205-1-4-1	区分沟槽连接管道的材质、规格型号等设置细目	m			
…		m			
1205-2	消防竖管				
1205-2-1	区分消防竖管的材质、规格型号、连接方式等设置细目	m			
…		m			
1205-3	消火栓				
1205-3-1	区分消火栓的安装环境、材质、规格型号、连接方式等设置细目	套			
…		套			
1205-4	消防栓箱				
1205-4-1	区分消防栓箱材质、规格型号、附带功能等设置细目	套			
…		套			
1205-5	室内消火栓组合卷盘				
1205-5-1	区分组合卷盘材质、规格型号设置细目	套			
…		套			
1205-6	消防水泵接合器				
1205-6-1	区分消防水泵接合器材质、规格型号、连接方式设置细目	套			
…		套			
1205-7	管道过滤器				
1205-7-1	区分管道过滤器材质、类别、规格型号、连接方式设置细目	个			
…		个			
1205-8	减压孔板				
1205-8-1	区分减压孔板材质、规格型号、连接方式设置细目	块			
…		块			
1205-9	阀门				
1205-9-1	区分管道阀门的材质、规格型号、连接方式、主要功能等设置细目	个			
…		个			
1205-10	管件				

续上表

子目号			子目名称	单位	数量	综合单价	合价
	1205-10-1		区分管道管件的材质、规格型号、连接方式、主要功能等设置细目	个			
	...			个			
1206			消防系统调试				
1206-1			自动报警系统装置调试				
	1206-1-1		区分调试点数设置细目	系统			
	...			系统			
1206-2			分布式光纤测温系统调试				
	1206-2-1		区分调试区段数设置细目	系统			
	...			系统			
1206-3			消防应急广播系统调试				
	1206-3-1		区分调试扬声器数量和分区数设置细目	系统			
	...			系统			
1206-4			气体灭火系统控制装置调试				
	1206-4-1		区分调试点数设置细目	系统			
	...			系统			
1206-5			联动控制系统装置调试				
	1206-5-1		区分联动控制对象、类型设置细目	处			
	...			处			
1207			消防设施				
1207-1			手提式灭火器				
	1207-1-1		区分手提式灭火器类别、规格型号设置细目	具			
	...			具			
1207-2			推车式灭火器				
	1207-2-1		区分推车式灭火器类别、规格型号设置细目	座			
	...			座			
1207-3			固定式干粉灭火器				
	1207-3-1		区分固定式干粉灭火器类别、规格型号设置细目	座			
	...			座			
1207-4			消防砂箱				
	1207-4-1		区分消防砂箱材质、规格型号设置细目	个			
	...			个			
1207-5			灭火器箱				
	1207-5-1		区分灭火器箱材质、规格型号设置细目	个			
	...						
1207-6			多功能水枪				

续上表

子目号	子目名称	单位	数量	综合单价	合价
1207-6-1	区分多功能水枪材质、规格型号、主要功能、水流状态设置细目	支			
...		支			
1207-7	消防水带				
1207-7-1	区分消防水带材质、规格型号、长度设置细目	m			
...		m			
1207-8	防火门				
1207-8-1	隧道人通防火门				
1207-8-1-1	区分隧道人通防火门材质、规格型号、几何尺寸、启闭方式、控制方式设置细目	套			
...		套			
1207-8-2	隧道汽通防火门				
1207-8-2-1	区分隧道汽通防火门材质、规格型号、几何尺寸、启闭方式、控制方式设置细目	套			
...		套			
1208	成套配电箱				
1208-1	计量配电箱				
1208-1-1	区分计量配电箱的规格型号,开关、保护器及计量仪表类型,安装方式、环境条件、箱体材质、外壳防护等级设置细目	台			
...		台			
1208-2	动力配电箱				
1208-2-1	区分动力配电箱的规格型号、开关及保护器类型、安装方式、环境条件、箱体材质、外壳防护等级设置细目	台			
...		台			
1209	消防电线电缆				
1209-1	控制电缆				
1209-1-1	区分敷设控制电缆的规格型号、保护层材质、功能要求设置细目	m			
...		m			
1209-2	通信电缆				
1209-2-1	区分敷设通信电缆的规格型号、保护层材质、功能要求设置细目	m			
...		m			
1209-3	电力电缆				
1209-3-1	区分敷设电力电缆的规格型号、保护层材质、功能要求设置细目	m			

续上表

子目号	子目名称	单位	数量	综合单价	合价
	…	m			
1209-4	电缆保护管				
1209-4-1	镀锌无缝钢管				
1209-4-1-1	区分镀锌无缝钢管的规格型号设置细目	kg			
	…	kg			
1209-4-2	镀锌焊管				
1209-4-2-1	区分镀锌焊管的规格型号设置细目	kg			
	…	kg			
1209-4-3	可绕金属管				
1209-4-3-1	区分可绕金属管的规格型号、功能要求设置细目	m			
	…	m			
1209-4-4	PE子管				
1209-4-4-1	区分PE子管的规格型号设置细目	m			
	…	m			
1210	防雷及接地系统				
1210-1	接闪器				
1210-1-1	避雷针				
1210-1-1-1	区分避雷针的工作原理、规格型号、接闪针数、材质、安装方式、高度设置细目	套			
	…				
1210-1-2	避雷带				
1210-1-2-1	区分避雷带的材质、规格型号、敷设方式、防腐要求设置细目	m			
	…	m			
1210-2	引下线				
1210-2-1	区分引下线的材质、规格型号、防腐要求设置细目	m			
	…	m			
1210-3	接地体				
1210-3-1	镀锌角钢				
1210-3-1-1	区分镀锌角钢的规格型号、长度设置细目	根			
	…	根			
1210-3-2	铜板				
1210-3-2-1	区分铜板的规格型号、长度设置细目	块			
	…	块			

续上表

子目号	子目名称	单位	数量	综合单价	合价
1210-4	**接地线**				
1210-4-1	区分接地线的材质、规格型号、安装方式设置细目	m			
...		m			
1210-5	**浪涌保护器（防雷器）**				
1210-5-1	电源保护器				
1210-5-1-1	区分电源保护器的额定电压、额定放电电流、规格型号、安装方式、响应时间、回波损耗设置细目	个			
...		个			
1210-5-2	信号保护器				
1210-5-2-1	区分信号保护器的额定电压、额定放电电流、规格型号、安装方式、响应时间、回波损耗设置细目	个			
...		个			
1211	**附属工程**				
1211-1	**混凝土基础**				
1211-1-1	区别基础混凝土的强度、几何尺寸等设置细目	个			
...		个			
1211-2	**线槽**				
1211-2-1	区分线槽的材质、规格型号、固定点形式设置细目	m			
...		m			

清单　第1200章合计　人民币＿＿＿＿＿＿＿＿＿

13 第1300章 供配电及照明系统

清单 第1300章 供配电及照明系统					
子目号	子目名称	单位	数量	综合单价	合价
1301	供配电及照明专用费用				
1301-1	工厂监造费(暂列金额)	总额			
1301-2	培训费(暂列金额)	总额			
1301-3	系统测试费	总额			
1302	10kV以下架空配电线路				
1302-1	电杆组立				
1302-1-1	水泥电杆				
1302-1-1-1	区分电杆的高度、上下口径设置细目	根			
…		根			
1302-1-2	金属电杆				
1302-1-2-1	区分电杆的高度、上下口径设置细目	根			
…		根			
1302-2	导线架设				
1302-2-1	区分导线的材质、规格型号、导线破坏应力、最大使用应力设置细目	km			
…		km			
1303	变压器				
1303-1	油浸电力变压器				
1303-1-1	区分油浸变压器的规格型号、额定容量、电压组合、绝缘等级、外壳防护等级、性能、使用条件、安装方式设置细目	台			
…		台			
1303-2	干式变压器				
1303-2-1	区分干式变压器的规格型号、额定容量、电压组合、绝缘包封绕组情况、外壳防护等级、性能、使用条件、安装方式设置细目	台			
…		台			
1303-3	组合式箱变				
1303-3-1	区分组合式箱变的规格型号、外形尺寸、额定容量、额定电压组合、短时耐受电流、防护等级、性能、特点、使用条件、安装方式设置细目	台			
…		台			

247

续上表

子目号	子目名称	单位	数量	综合单价	合价
1304	配电装置				
1304-1	油断路器				
1304-1-1	少油断路器				
1304-1-1-1	区分少油断路器的规格型号,外形尺寸,额定电流,额定电压,额定短路开断、关和电流,性能,特点,使用条件,安装方式设置细目	台			
…		台			
1304-1-2	多油断路器				
1304-1-2-1	区分多油断路器的规格型号,外形尺寸,额定电流,额定电压,额定短路开断、关和电流,性能,特点,使用条件,安装方式设置细目	台			
…		台			
1304-2	真空断路器				
1304-2-1	高压真空断路器				
1304-2-1-1	区分高压真空断路器的规格型号,安装方式,额定电流,额定电压,额定短路开断、关和电流,开距,触头压力,分合速度,触头系统,性能,特点,使用条件设置细目	台			
…		台			
1304-2-2	低压交流真空断路器				
1304-2-2-1	区分低压真空断路器的规格型号,安装方式,额定电流,额定电压,额定短路通断电流,分合时间、速度,触头系统,性能,特点,使用条件设置细目	台			
…		台			
1304-3	SF6断路器				
1304-3-1	高压SF6断路器				
1304-3-1-1	区分高压SF6断路器的规格型号,安装方式,额定电流,额定电压,极数,额定短路通断电流,分合时间、速度,操动机构类型,触头系统,性能,特点,使用条件设置细目	台			
…		台			
1304-4	空气断路器				
1304-4-1	高压空气断路器				
1304-4-1-1	区分高压空气断路器的规格型号,安装方式,额定电流,额定电压,极数,分段类型,额定短路通断电流,分合时间、速度,操动机构类型,触头系统,性能,特点,使用条件设置细目	台			
…		台			

续上表

子目号	子目名称	单位	数量	综合单价	合价
1304-4-2	低压空气断路器				
1304-4-2-1	区分低压空气断路器的规格型号、安装方式、额定电流、额定电压、极数、额定短路通断电流、性能、特点、使用条件设置细目	台			
…		台			
1304-5	**真空接触器**				
1304-5-1	高压真空接触器				
1304-5-1-1	区分高压真空接触器的规格型号、安装方式、额定电流、额定电压、极数、性能、特点、使用条件设置细目	台			
…		台			
1304-6	**隔离开关**				
1304-6-1	高压隔离开关				
1304-6-1-1	区分高压隔离开关的规格型号、额定电流、额定电压、极数、性能、特点、使用条件设置细目	组			
…		组			
1304-7	**负荷开关**				
1304-7-1	高压负荷开关				
1304-7-1-1	区分高压负荷开关的规格型号、额定电流、额定电压、极数、性能、特点、使用条件、安装方式设置细目	组			
…		组			
1304-8	**互感器**				
1304-8-1	电压互感器				
1304-8-1-1	区分电压互感器的规格型号,短路电流,额定电压比、二次输出、极限输出,表面爬电距离,比差,角差,用途,绝缘介质,电流变换原理,性能,特点,使用条件,安装方式设置细目	台			
…		台			
1304-8-2	电流互感器				
1304-8-2-1	区分电流互感器的规格型号,额定电流比、二次输出、极限输出,汇流排截面,用途,绝缘介质,电流变换原理,比差,角差性能,特点,使用条件,安装方式设置细目	台			
…		台			
1304-9	**高压熔断器**				
1304-9-1	户外高压跌落式熔断器				

续上表

子目号	子目名称	单位	数量	综合单价	合价
1304-9-1-1	区分户外高压跌落式熔断器的规格型号、额定电流、开断电流、冲击耐压、工频耐压、性能、特点、使用条件设置细目	只			
…		只			
1304-9-2	户内高压熔断器				
1304-9-2-1	区分户内高压熔断器的规格型号、额定电流、开断电流、冲击耐压、工频耐压、性能、特点、使用条件设置细目	只			
…		只			
1304-10	**避雷器**				
1304-10-1	碳化硅避雷器				
1304-10-1-1	区分碳化硅避雷器的规格型号、标称电压、额定电压、额定放电电流、最大放电电流、响应时间、回波损耗、在线阻抗、漏电流、性能、特点、使用条件设置细目	组			
…		组			
1304-10-2	金属氧化物避雷器				
1304-10-2-1	区分金属氧化物避雷器的规格型号、标称电压、额定电压、额定放电电流、最大放电电流、响应时间、回波损耗、在线阻抗、漏电流、性能、特点、使用条件设置细目	组			
…		组			
1304-11	**电抗器**				
1304-11-1	干式电抗器				
1304-11-1-1	区分干式电抗器的规格型号、系统电压、额定端电压、额定容量、额定电流、项数、每项阻值、电抗率、抑制次数、功能、用途、接法、性能、使用条件设置细目	组			
…		组			
1304-11-2	油浸电抗器				
1304-11-2-1	区分油浸电抗器的规格型号、系统电压、额定端电压、额定容量、额定电流、项数、每项阻值、电抗率、抑制次数、功能、用途、接法、性能、使用条件设置细目	组			
…		组			
1304-12	**电力电容器**				
1304-12-1	并联电容器				

续上表

子目号	子目名称	单位	数量	综合单价	合价
1304-12-1-1	区分并联电容器的规格型号、系统电压、额定端电压、额定容量、额定电流、项数、功能、性能、使用条件设置细目	组			
…		组			
1304-12-2	串联电容器				
1304-12-2-1	区分串联电容器的规格型号、系统电压、额定端电压、额定容量、额定电流、项数、功能、性能、使用条件设置细目	组			
…		组			
1304-13	**并联补偿电容器组架**				
1304-13-1	区分并联补偿电容器组架的材质、规格型号、几何尺寸、结构设置细目	台			
…		台			
1304-14	**交流滤波装置组架**				
1304-14-1	区分交流滤波装置组架的材质、规格型号、回路、几何尺寸、结构设置细目	台			
…		台			
1304-15	**成套配电柜**				
1304-15-1	高压成套配电柜				
1304-15-1-1	区分高压成套配电柜的材质、规格型号、几何尺寸、柜内各种元器件的规格型号及数量、功能、回路、结构设置细目	台			
…		台			
1304-15-2	低压成套配电柜				
1304-15-2-1	区分低压成套配电柜的材质、规格型号、几何尺寸、柜内各种元器件的规格型号及数量、功能、回路、结构设置细目	台			
…		台			
1304-16	**成套开关柜**				
1304-16-1	移开式高压开关柜				
1304-16-1-1	区分移开式高压开关柜的材质、规格型号、几何尺寸、柜内各种元器件的规格型号及数量、功能、回路、结构设置细目	台			
…		台			
1304-16-2	移开式低压开关柜				
1304-16-2-1	区分移开式低压开关柜的材质、规格型号、几何尺寸、柜内各种元器件的规格型号及数量、功能、回路、结构设置细目	台			

续上表

子目号	子目名称	单位	数量	综合单价	合价
...		台			
1304-16-3	固定式高压开关柜				
1304-16-3-1	区分固定式高压开关柜的材质、规格型号、几何尺寸、柜内各种元器件的规格型号数量、功能、回路、结构设置细目	台			
...		台			
1304-16-4	固定式低压开关柜				
1304-16-4-1	区分固定式低压开关柜的材质、规格型号、几何尺寸、柜内各种元器件的规格型号及数量、功能、回路、结构设置细目	台			
...		台			
1304-17	配电柜体				
1304-17-1	区分配电柜体的材质、规格型号、几何尺寸、结构、防护等级设置细目	套			
...		套			
1305	母线				
1305-1	软母线				
1305-1-1	区分软母线的材质、规格型号设置细目	m			
...		m			
1305-2	矩形母线				
1305-2-1	区分矩形母线的材质、规格型号设置细目	m			
...		m			
1305-3	共箱封闭母线				
1305-3-1	区分共箱封闭母线的外壳、母线材质、规格型号、项数设置细目	m			
...		m			
1305-4	低压封闭式插接母线槽				
1305-4-1	区分低压封闭式插接母线槽的外壳、母线材质、规格型号、项数、额定电流、产品截面积设置细目	m			
...		m			
1306	电气调整试验				
1306-1	电力变压器系统				
1306-1-1	区分电力变压器的规格型号、容量设置细目	系统			
...		系统			
1306-2	送配电装置系统				
1306-2-1	区分送配电装置的类型(或容量)设置细目	系统			

续上表

子目号	子目名称	单位	数量	综合单价	合价
…		系统			
1306-3	特殊保护装置				
1306-3-1	区分特殊保护装置的类型、规格型号设置细目	系统			
…		系统			
1306-4	自动投入装置				
1306-4-1	区分自动投入装置的类型设置细目	套			
…		套			
1307	电力电缆				
1307-1	电力电缆				
1307-1-1	区分敷设电力电缆的规格型号、保护层材质、功能要求设置细目	m			
…		m			
1308	电缆保护管				
1308-1	镀锌无缝钢管				
1308-1-1	区分镀锌无缝钢管的规格型号设置细目	kg			
…		kg			
1308-2	镀锌焊管				
1308-2-1	区分镀锌焊管的规格型号设置细目	kg			
…		kg			
1308-3	可绕金属管				
1308-3-1	区分可绕金属管的规格型号、功能要求设置细目	m			
…		m			
1308-4	PE子管				
1308-4-1	区分PE子管的规格型号设置细目	m			
…		m			
1309	防雷及接地系统				
1309-1	接闪器				
1309-1-1	避雷针				
1309-1-1-1	区分避雷针的工作原理、规格型号、接闪针数、材质、安装方式、高度设置细目	套			
…					
1309-1-2	避雷带				
1309-1-2-1	区分避雷带的材质、规格型号、敷设方式、防腐要求设置细目	m			
…		m			

续上表

子目号	子目名称	单位	数量	综合单价	合价
1309-2	**引下线**				
1309-2-1	区分引下线的材质、规格型号、防腐要求设置细目	m			
…		m			
1309-3	**接地体**				
1309-3-1	镀锌角钢				
1309-3-1-1	区分镀锌角钢的规格型号、长度设置细目	根			
…		根			
1309-3-2	铜板				
1309-3-2-1	区分铜板的规格型号、长度设置细目	块			
…		块			
1309-4	**接地线**				
1309-4-1	区分接地线的材质、规格型号、安装方式设置细目	m			
…		m			
1309-5	**浪涌保护器(防雷器)**				
1309-5-1	电源保护器				
1309-5-1-1	区分电源保护器的额定电压、额定放电电流、规格型号、安装方式、响应时间、回波损耗设置细目	个			
…		个			
1309-5-2	信号保护器				
1309-5-2-1	区分信号保护器的额定电压、额定放电电流、规格型号、安装方式、响应时间、回波损耗设置细目	个			
…		个			
1310	**照明设施**				
1310-1	**照明灯具**				
1310-1-1	高压钠灯				
1310-1-1-1	区分光源功率及数量,灯具外壳、面罩及反射器材质和规格,防护等级,灯具效率,湿态绝缘电阻等设置细目	套			
…		套			
1310-1-2	荧光灯				
1310-1-2-1	区分光源功率及数量,灯具外壳、面罩及反射器材质和规格,防护等级,灯具效率,应急转换时间,湿态绝缘电阻等设置细目	套			
…		套			
1310-1-3	维修电源插座				

续上表

子目号	子目名称	单位	数量	综合单价	合价
1310-1-3-1	区分插座外壳的材质、规格型号、插孔数量及极数设置细目	个			
…		个			
1310-2	**单悬臂路灯**				
1310-2-1	高压钠灯				
1310-2-1-1	区分灯杆材质,规格型号,口径,高度,光源功率及数量,灯具外壳、面罩及反射器材质和规格,防护等级,灯具效率,湿态绝缘电阻等设置细目	套			
…		套			
1310-2-2	LED 灯				
1310-2-2-1	区分灯杆材质,规格型号,口径,高度,光源功率及数量,晶片大小,发光角度,胶体材质,颜色要求,环境要求,寿命要求,灯具外壳、面罩及反射器材质和规格,防护等级,灯具效率等设置细目	套			
…		套			
1310-3	**双悬臂路灯**				
1310-3-1	高压钠灯				
1310-3-1-1	区分灯杆材质,规格型号,口径,高度,光源功率及数量,灯具外壳、面罩及反射器材质和规格,防护等级,灯具效率,湿态绝缘电阻等设置细目	套			
…		套			
1310-3-2	LED 灯				
1310-3-2-1	区分灯杆材质,规格型号,口径,高度,光源功率及数量,晶片大小,发光角度,胶体材质,颜色要求,环境要求,寿命要求,灯具外壳、面罩及反射器材质和规格,防护等级,灯具效率等设置细目	套			
…		套			
1310-4	**高杆灯**				
1310-4-1	升降式				
1310-4-1-1	区分灯杆材质,规格型号,口径,高度,光源类型、功率及数量,灯具外壳、面罩及反射器材质和规格,防护等级,灯具效率,湿态绝缘电阻等设置细目	套			
…		套			
1310-5	**太阳能部件**				
1310-5-1	太阳能电池板				
1310-5-1-1	区分太阳能电池板电池片、边框、面板及封装材料材质,规格型号,额定功率,电压、电流,辐照度,电池温度,寿命等设置细目	瓦			

续上表

子目号	子目名称	单位	数量	综合单价	合价
	...	瓦			
1310-5-2	太阳能控制器				
1310-5-2-1	区分标称电压、控制方式、功能等设置细目	只			
	...	只			
1310-5-3	储能蓄电池				
1310-5-3-1	区分蓄电池类型、规格型号、额定电压、负荷电流、放电时间等设置细目	只			
	...	只			
1310-5-4	太阳能逆变器				
1310-5-4-1	区分逆变器规格型号、逆变方式、效率、输入输出电压、输出功率、输出波形、感性负载等设置细目	台			
	...	台			
1310-6	**智能照明控制装置**				
1310-6-1	室内型				
1310-6-1-1	区分规格型号、输入电压、主要功能、调整容度及频率、控制方式、节电率、软启动电压、节电最小值、灯具类型选择、显示模式等设置细目	套			
	...	套			
1310-6-2	室外型				
1310-6-2-1	区分规格型号、输入电压、主要功能、调整容度及频率、控制方式、节电率、软启动电压、节电最小值、灯具类型选择、显示模式等设置细目	套			
	...	套			
1311	**通风设施**				
1311-1	**风机**				
1311-1-1	单向通风射流风机				
1311-1-1-1	区分型号(代号、叶轮直径、电机级数、电机功率),动力性能,噪声限值,耐高温性,振动指标设置细目	台			
	...	台			
1311-1-2	双向通风射流风机				
1311-1-2-1	区分型号(代号、叶轮直径、电机级数、电机功率),动力性能,噪声限值,耐高温性,振动指标设置细目	台			
	...	台			
1311-2	**风机软启动器**				

续上表

子目号	子目名称	单位	数量	综合单价	合价
1311-2-1	区分型号,启动方式,接线方案,控制电压,起、停时间,节能运行模式,旁路方式,保护功能设置细目	套			
…		套			
1311-3	**风机控制箱**				
1311-3-1	区分规格型号、主要功能、安装方式、额定电压、防护等级、母线设置等设置细目	套			
…		套			
1311-4	**中间继电器**				
1311-4-1	区分规格型号、接触电阻、触电材料、触电形式、触电负载、性能参数、引出端子式等设置细目	个			
…		个			
1312	**附件工程**				
1312-1	**混凝土基础**				
1312-1-1	区别基础混凝土的强度、几何尺寸等设置细目	个			
…		个			
1312-2	**线槽**				
1312-2-1	区分线槽的材质、规格型号、固定点形式设置细目	m			
…		m			

清单 第1300章合计 人民币＿＿＿＿＿＿＿＿＿＿＿＿＿＿＿